반면교사
고린도교회

고린도전후서 강해 설교

김 사무엘

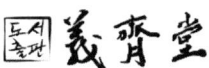

목 차

1. 너희가 진정 하나님의 교회더냐? ・ 6
   (고전 1:1-8)
2. 그리스도께서 어찌 나뉘었느뇨? ・ 14
   (고전 1:11-18)
3. 너희가 믿을 때에 성령을 받았느냐? ・ 24
   (고전 2:10-16)
4. 믿음의 집을 제대로 짓고 있습니까? ・ 32
   (고전 3:10-17)
5. 가르치려고만 하지 말고 아비가 되어라 ・ 40
   (고전 4:9-21)
6. 묵은 누룩과 악독한 누룩을 제거하라 ・ 48
   (고전 5:1-8)
7. 성도의 준칙(準則) ・ 54
   (고전 10:23-33)
8. 성찬의 의미와 믿음을 회복하라 ・ 60
   (고전 11:18-34)
9. 더욱 큰 은사를 사모하라 ・ 68
   (고전 12:22-31)
10. 사랑에 관한 헛다리짚기 ・ 76
    (고전 13:1-13)
11. 성경대로의 복음이 아니면 부활도 없다 ・ 82
    (고전 15:1-12)

12. 부활과 휴거에 관한 올바른 믿음 (고전 15:50-58)	• 92
13. 환난 중에 있는 자들을 위로하라 (고후 1:1-10)	• 100
14. 거듭난 의인들은 그리스도의 향기입니다 (고후 2:12-17)	• 108
15. 새 언약의 일꾼 될 자격 (고후 3:1-6)	• 116
16. 하나님의 말씀을 혼잡케 하지 말라 (고후 4:1-6)	• 124
17. 거듭난 우리는 새로운 피조물입니다 (고후 5:14-21)	• 132
18. 내게 임한 주님의 은혜가 족합니다 (고후 6:1-10)	• 142
19. 자원함과 기쁨으로 주께 드려라 (고후 8:1-12)	• 150
20. 다른 예수, 다른 복음을 받지 말라 (고후 11:1-15)	• 156
21. 믿음의 마음, 믿음의 눈 (고후 12:1-10)	• 166
22. 당신은 거듭났다고 확신합니까? (고후 13:5-10)	• 176

"너희가 믿음에 있는가
너희 자신을 시험하고 너희 자신을 확증하라
예수 그리스도께서 너희 안에 계신 줄을
너희가 스스로 알지 못하느냐
그렇지 않으면 너희가 버리운 자니라"
(고후 13:5).

머 리 말

　반면교사(反面教師)란 "부정적인 측면에서 깨달음이나 가르침을 주는 사람이나 사물을 일컫는 말"입니다.

　고린도교회는 오늘날의 기독교의 반면교사입니다. 고린도 교인들의 언행을 보면 오늘날의 기독교인들이 주목하고 피해야 할 언행들이 총망라되어 있습니다.

　또한 고린도전후서는 기독교인들이 유념해야 할 영적 주제들- 예컨대 교회, 성도, 성령, 목회자, 성도의 삶, 사랑, 은사, 거듭남, 부활, 휴거, 다른 복음 등에 대한 성경적 정의와 교훈들을 제시하고 있습니다.

　아무쪼록 올바른 신앙의 길을 찾는 이들에게 이 책이 작은 등불이 되기를 바랍니다.

2022년 3월 30일
저자 김 사무엘

너희가 진정 하나님의 교회더냐?

"하나님의 뜻을 따라 그리스도 예수의 사도로 부르심을 입은 바울과 및 형제 소스데네는

고린도에 있는 하나님의 교회 곧 그리스도 예수 안에서 거룩하여지고 성도라 부르심을 입은 자들과 또 각처에서 우리의 주 곧 저희와 우리의 주 되신 예수 그리스도의 이름을 부르는 모든 자들에게

하나님 우리 아버지와 주 예수 그리스도로 좇아 은혜와 평강이 있기를 원하노라

그리스도 예수 안에서 너희에게 주신 하나님의 은혜를 인하여 내가 너희를 위하여 항상 하나님께 감사하노니

이는 너희가 그의 안에서 모든 일 곧 모든 구변과 모든 지식에 풍족하므로

그리스도의 증거가 너희 중에 견고케 되어

너희가 모든 은사에 부족함이 없이 우리 주 예수 그리스도의 나타나심을 기다림이라

주께서 너희를 우리 주 예수 그리스도의 날에 책망할 것이 없는 자로 끝까지 견고케 하시리라"(고전 1:1-8).

"반면교사"(反面教師)라는 말이 있습니다. "부정적인 측면에서 깨달음이나 가르침을 주는 사람이나 사물을 일컫는 말"입니다. 1세기의 고린도 교인들은 오늘날 모든 기독교인들에게 반면교사의 역할을 합니다.

고린도교회는 사도 바울의 2차 선교 여행 중에 세워졌습니다.

바울은 지금의 터키 동북부 지방인 갈라디아와 브루기아 지방을 지나, 오늘날의 터키 서부인 소아시아 지방에 복음을 전했습니다. 그는 에게해 건너편의 마케도니아 사람이 꿈에 나타나 **"마게도니아로 건너와서 우리를 도우라"**(행 16:9)는 환상을 보고, 유럽의 첫 관문인 마케도니아 지방으로 건너갔습니다.

빌립보에서 시작된 바울의 마케도니아 선교 사역은 암비볼리, 아볼로니아, 데살로니카, 베뢰아로 이어졌습니다. 바울은 복음을 전하며 계속 남행(南行)하여 아테네를 거쳐서 현재 그리스의 남단(南端)인 아가야(Achaia) 지방에 이르게 되었습니다. 바울은 아가야의 수도인 고린도(Corinth)에 상당 기간 머물며 복음을 전했습니다. 당시의 고린도는 항구 도시로서 매우 번창한 도시였습니다.

바울은 고린도에서 본도(Pontus) 출신의 유대인이며, 같은 업종(천막 제조업)에 종사하던 아굴라와 브리스길라 부부를 만났습니다. 바울은 그들에게 진리의 복음을 전해 주었고, 그들은 바울의 동역자가 되어 복음 전파의 사역에 함께 일했습니다. 바울은 약 1년 반 동안 고린도에 머물면서 교회를 세우고 성도들을 양육했습니다.

그 후에 바울은 고린도를 떠나 배를 타고 에베소로 갔는데 아굴라와 브리스길라 부부도 바울과 동행했습니다. 바울은 에베소에 복음을 전한 후에 아굴라와 브리스길라를 그곳에 머물게 하고 자기는 가이사랴를 거쳐 안디옥 교회로 돌아왔습니다. 이것이 바울의 제2차 선교 여행의 대략입니다.

사도 바울은 고린도교회에 많은 사랑과 수고를 쏟았지만, 그가 떠난 후에 고린도교회는 많은 문제로 시끄러웠습니다. **"죽은 파리가 향기름으로 악취가 나게 하는 것 같이 적은 우매가 지혜와 존귀로 패하게 하느니라"**(전 10:1)는 말씀대로, 고린도의 교인들은 너무 육신적이어서 그들에게서는 복음의 향기는커녕 악취만 풀풀 났습니다. 오늘날의 기독교인들은 고린도교회의 문제점들을 반면교사로 삼아야 합니다.

하나님의 교회란 무엇인가?

"고린도에 있는 하나님의 교회 곧 그리스도 예수 안에서 거룩하여지고 성도라 부르심을 입은 자들과 또 각처에서 우리의 주 곧 저희와 우리의 주 되신 예수 그리스도의 이름을 부르는 모든 자들에게"(고전 1:2).

사람들은 예배당(禮拜堂)과 교회(敎會)를 같은 개념으로 여기고 혼용합니다. 그러나 교회는 건물이 아닙니다. 예배당은 예배를 드리는 건물이고, 교회는 사람들의 모임입니다.

그러면 교회란 어떤 사람들의 모임입니까? 하나님 교회란 "**그리스도 예수 안에서 거룩하여지고 성도라 부르심을 입은 자들의 모임**"입니다. 성도(聖徒)라는 말은 거룩할 성(聖) 자, 무리 도(徒) 자로 구성되어 있습니다. 따라서 교회란 진리의 복음을 믿어서 죄 사함을 받고 거룩해진 "**성도들의 모임**"입니다.

그렇다면 마음에 죄가 있는 사람도 성도(聖徒)라고 불릴 수 있습니까? 아닙니다. 예수님을 믿고도 마음에 죄가 있는 기독죄인(基督罪人)들을 성도(聖徒)라는 존귀한 호칭으로 부를 수 없습니다.

"거룩하다"라는 말은 죄가 없다는 뜻입니다. "너희 죄가 주홍 같을찌라도 눈과 같이 희어질 것이요 진홍 같이 붉을찌라도 양털 같이 되리라"(사 1:18)는 이사야서의 약속이 이루어진 자들이 의인(義人)이며 성도입니다. "그러므로 이제 그리스도 예수 안에 있는 자에게는 결코 정죄함이 없나니"(롬 8:1) 하신 말씀대로 마음의 죄가 깨끗이 씻어져서 죄가 전혀 없는 의인들이 바로 성도(聖徒)이며 하나님의 교회의 구성원들입니다.

여러분은 아직 마음에 죄가 남아 있습니까? 만일 그렇다면 여러분은 성도가 아니요 하나님의 자녀도 아닙니다. **"물과 피로 임하신"**(요일 5:6) 예수님을 믿음으로 마음의 모든 죄가 흰 눈같이 씻어져서 결코 정죄함이 없는 의인으로 거듭난 이들이 있습니다. 그들이 바로 성도(聖徒)입니다.

사람이 죄를 짓지 않고 살아서, 또 어쩌다 죄를 지으면 회개 기도를 드려서 죄를 용서받으면, 죄가 없는 성도가 될 수 있습니까? 아닙니다. 오직 성자(聖子) 하나님께서 육신을 입고 예수라는 이름으로 이 땅에 오셔서, "물과 피의 사역"으로 인류의 모든 죄를 대속(代贖)해 주셨다는 복음의 말씀을 믿는 사람만이 하나님께로부터 죄 사함을 받고 의롭다 하심을 얻습니다.

하나님의 어린양으로 오신 예수님께서는 안수(按手)의 형식으로 받으신 세례(洗禮)로 세상의 모든 죄를 짊어지셨고, 십자가에서 **"다 이루었다"**(요 19:30) 하고 돌아가시기까지 흘리신 피로 우리의 모든 죗값을 지불해 주셨습니다. 이것이 **"물과 피로 임하신 자"**(요일 5:6)인 예수 그리스도의 복음입니다.

우리는 진리의 복음을 믿음으로 성도가 되었고 그리스도 예수 안에 거하게 되었습니다. 하나님의 교회는 어떤 건물이나 특정 교파를 일컫는 말이 아닙니다. 진리의 원형복음(原形福音)을 믿어서 거듭난 의인들이 두세 사람이라도 모여서 한 몸을 이루면, 그것이 하나님의 교회입니다. 따라서 아무리 많은 이들이 모여 있더라도, 마음에 죄가 있는 기독죄인(基督罪人)들의 모임은 하나님의 교회가 아닙니다.

하나님의 교회와 사단의 회

이 세상에는 하나님의 교회와 하나님의 교회가 아닌 사이비(似而非) 교회가 공존(共存)합니다. "**그리스도 예수 안에서 거룩하여지고 성도라 부르심을 입은 자들**"의 모임이 아니라, 기독죄인(基督罪人)들의 모임은 하나님의 교회가 아닙니다. 물론 그들도 십자가를 붙여 놓은 예배당에 모여서, 자기들이 하나님의 교회라고 자부하지만, 하나님께서는 "너희들은 나의 교회가 아니다. 정확히 말하자면 너희들은 사단의 모임이다"라고 말씀하십니다.

"**내가 네 환난과 궁핍을 아노니 실상은 네가 부요한 자니라 자칭 유대인이라 하는 자들의 훼방도 아노니 실상은 유대인이 아니요 사단의 회라**"(계 2:9).

요한계시록에는 아시아의 일곱 교회에 주신 말씀 중에, "**사단의 회**"(the synagogue of Satan)라는 말씀이 여러 번 나옵니다. "사단의 회(會)" 즉 사단의 모임이란, 자신들은 자칭 하나님의 백성이라고 고백하지만 실제로는 사단이 만든 거짓 교리를 믿는 기독죄인(基督罪人)의 모임에 불과합니다.

진리의 복음은 "**물과 피로 임하신**"(요일 5:6) 예수 그리스도의 복음입니다. 따라서 십자가의 피만의 복음은 진리가 아닌 반쪽짜리의 복음이며, 그런 비진리(非眞理)의 복음으로는 결코 죄 사함을 받을 수 없습니다. 그들은 예수님을 믿지만 기독죄인으로 남아 있으면서, 예수님을 믿고도 죄가 있는 것을 정상으로 여깁니다. 그 결과 그들은 결코 영생의 천국에 들어가지 못합니다.

호박에 검은 줄을 그려 넣는다고 수박이 됩니까? 그것은 무늬만 수박인 호박입니다. 마음에 죄가 있는 기독죄인들이 ○○교회라는 이름으로 모여서 있다면, 그것은 무늬만 교회이며, 실상은 **사단의 회**"(the synagogue of Satan)입니다.

하나님 앞에서 심령이 가난하고 정직한 사람이라면, "주여, 저는 지옥에 가야 마땅한 죄인입니다. 저를 구원해 주십시오" 하고 자기의 근본 모습을 진솔하게 시인합니다. 그런 영혼이라야 진리의 원형복음을 만나서 죄 사함을 받고 거듭납니다. **"사단의 회"**(the synagogue of Satan)에 속해 있는 기독죄인들은 거짓된 복음의 덫에서 속히 빠져나와서 진리의 복음으로 죄 사함을 받고 하나님의 교회의 일원이 되기를 바랍니다.

거듭나지 못한 이들의 지옥 같은 신앙생활

거듭나지 못한 채로 목회나 신앙생활을 한다는 것은 지옥 같은 일입니다. 거듭나지 못했으면 마음에 죄가 있으니 성령님이 마음에 임하실 수 없습니다. 성령님이 거하시지 않는 신앙생활은 마치 기름이 없는 등에 불을 켜려는 것과 같습니다. 자기의 열심을 다해서 심지만으로 등불을 켜려고 하니, 연기만 많이 나고 불은 금새 꺼집니다.

거듭나지 못하고 신앙생활이나 목회를 하는 것은 마치 바늘에 실을 꿰지 않았거나, 혹은 바늘귀에 실을 꿰기는 했지만 매듭을 짓지 않고 바느질하는 것과 같습니다. 그런 상태로 바느질을 하면 수고한 것이 다 터져 버립니다. 그러나 진리의 복음을 믿어서 거듭난 성도들은 하나님 교회에 연합되어서 믿음으로 살아가는 동안 의의 열매를 풍성히 맺습니다.

"사단의 회"(the synagogue of Satan)에 속한 기독죄인들은 성화(聖化)의 노선을 신앙의 모토로 삼습니다. 그들은 "성도에게 단번에 주신 믿음의 도"(유 1:3)가 무엇인지를 모르기에, "칭의(稱義) 구원-성화(聖化) 구원-영화(榮華) 구원"이라는 단계적(점진적) 구원론의 늪에 빠져서 허우적거리고 있습니다. 그들은 마음에 죄가 있는 영적인 소경들이어서 무엇이 진리인지, 어디가 올바른 길인지를 알지 못합니다. 그런 처지에 그들은 다른 소경들을 인도하는 선생이 되겠다고 만용을 부립니다. 그러나 소경이 소경을 인도하면 둘 다 구덩이에 빠지는 법입니다.

"이 뜻을 좇아 예수 그리스도의 몸을 단번에 드리심으로 말미암아 우리가 거룩함을 얻었노라"(히 10:10).

성화(聖化), 즉 "사람이 거룩해지는 역사"는 예수 그리스도께서 행하신 "의의 한 행동"(롬 5:18)을 믿음으로 단번에 얻는 축복입니다. 우리들이 죄를 짓지 않으려고 노력하고, 혹시 죄를 지으면 금식하며 회개 기도를 드리면서, 한 단계 한 단계 계단을 올라가듯이 점진적으로 이루는 것이 성화(聖化)의 과정입니까? 천만의 말씀입니다. 그것은 불가능합니다. 점진적 성화론(Incremental Sanctification)은 인간이 만든 거짓 교리입니다. 자기의 노력으로 성화를 이루려고 하는 자들은 저주 아래 있는 자들입니다.

고린도전후서의 기록 목적

고린도 교인들은 "모든 구변과 모든 지식에 풍족"(고전 1:5)했습니다. 그래서 웬만하면 그들은 다 선생질을 하려고 했습니다. 그러나 사도 바울이 "그리스도 안에서 일만 스승이 있으되 아비는 많지 아니하니"(고전 4:15) 하고 지적했던 것처럼, 그들 중에는 장성한 믿음의 사람들, 즉 영적 아비들이 거의 없었습니다.

저는 여러분들이 성도들의 모임인 하나님의 교회 안에서 믿음의 큰 나무들로 자라나서 천하의 모든 영혼들이 그 나무 그늘 아래 깃들여서 안식을 누릴 수 있는 영적인 아비들이 되기를 바랍니다.

"주께서 너희를 우리 주 예수 그리스도의 날에 책망할 것이 없는 자로 끝까지 견고케 하시리라"(고전 1:8). 이것이 고린도전후서를 써 보낸 사도 바울의 의도입니다. 주님께서 재림하실 때에, 거듭난 우리는 주님 앞에서 책망받을 것이 없는 자들로 서야 합니다.

우리는 예수님의 복음을 믿어서 하나님의 은혜로 거듭났지만, 과연 주님께서 지금 오신다고 하면, 우리가 주님께로부터 칭찬을 듣겠는지, 아니면 책망을 듣겠는지 우리 자신을 정직하게 돌아봐야 합니다.

그리스도께서 어찌 나뉘었느뇨?

"내 형제들아 글로에의 집 편으로서 너희에 대한 말이 내게 들리니 곧 너희 가운데 분쟁이 있다는 것이라

이는 다름아니라 너희가 각각 이르되 나는 바울에게, 나는 아볼로에게, 나는 게바에게, 나는 그리스도에게 속한 자라 하는 것이니

그리스도께서 어찌 나뉘었느뇨 바울이 너희를 위하여 십자가에 못 박혔으며 바울의 이름으로 너희가 세례를 받았느뇨

그리스보와 가이오 외에는 너희 중 아무에게도 내가 세례를 주지 아니한 것을 감사하노니

이는 아무도 나의 이름으로 세례를 받았다 말하지 못하게 하려 함이라

내가 또한 스데바나 집 사람에게 세례를 주었고 그 외에는 다른 아무에게 세례를 주었는지 알지 못하노라

그리스도께서 나를 보내심은 세례를 주게 하려 하심이 아니요 오직 복음을 전케 하려 하심이니 말의 지혜로 하지 아니함은 그리스도의 십자가가 헛되지 않게 하려 함이라

십자가의 도가 멸망하는 자들에게는 미련한 것이요 구원을 얻는 우리에게는 하나님의 능력이라"(고전 1:11-18).

사도 바울은 고린도에서 대략 1년 반 동안 머물며 복음을 전파하고 하나님의 교회를 세웠습니다. 그는 고린도전서를 쓸 당시에 에베소에서 복음을 전하고 있었지만, 그의 마음은 늘 고린도교회에 가 있었습니다. 그러던 중에 고린도의 성도 글로에의 집 편에서 고린도교회가 파벌 싸움으로 풍비박산이 났다는 소식을 들었습니다.

"내 형제들아 글로에의 집 편으로서 너희에게 대한 말이 내게 들리니 곧 너희 가운데 분쟁이 있다는 것이라 이는 다름 아니라 너희가 각각 이르되 나는 바울에게, 나는 아볼로에게, 나는 게바에게, 나는 그리스도에게 속한 자라 하는 것이니"(고전 1:11-12).

고린도교회에는 심한 파벌 다툼이 있었습니다. 이 말씀에 기록된 내용만으로도 고린도교회에는 네 개의 파당(派黨)이 있었습니다: 바울 파, 아볼로 파, 게바(베드로) 파, 그리스도 파. 사도 바울은 그들에게 **"그리스도께서 어찌 나뉘었느뇨"** 하고 책망하면서, 복음의 진리 안에서 그들이 다시 하나 되기를 원했습니다.

교단과 교파의 문제

기독교라는 범주의 종교 안에는 무수한 교단과 교파(Christian denominations and sects)가 있습니다. 대략적인 통계로만 보더라도, 2020년도를 기준으로 미국에는 약 200여 개의 교단이, 전 세계적으로는 약 4만여 개의 독립적인 기독교 교단이 존재한다고 합니다. 또 교리적 해석을 공유하는 같은 교단 내에도 여러가지 이유로 독립적인 여러 개의 교파(sects)들이 공존하기 때문에, 수년 전에 UN에서 낸 통계에 의하면, 전 세계적으로는 10만여 개의 기독교 교파(sects)가 있다고 합니다.

왜 이렇게 수많은 교단과 교파가 존재하며 지금도 계속 증가하고 있을까요? 기독교의 역사를 성찰한 학자들은 교회 권력을 둘러싼 분열이나 성경 해석의 차이에서 교단과 교파의 분열이 가속되었다고 주장합니다. 그러나 교회의 분열의 더 근본적인 원인을 지적하자면, 그것은 기독교인들이 거듭나지 못해서 일어난 현상입니다.

성경은 거듭나지 못했으면서 성도인 척하는 자들을 **"가만히 들어온 거짓 형제"**(갈 2:4) 혹은 **"가만히 들어온 사람"**(유 1:4)이라고 지적하고 있습니다. 초대교회에도 거듭나지 못한 채로 "나도 예수님을 믿는 성도다"라고 주장하며 교회 안에 들어온 자들이 있었습니다. 그들은 마음에 성령이 계시지 않기 때문에 자기들의 옳음을 주장하며 교회 안에서 욕망을 좇아 당을 지어 분열을 일으키다가 무리를 지어 나가기도 했습니다.

"저희가 우리에게서 나갔으나 우리에게 속하지 아니하였나니 만일 우리에게 속하였더면 우리와 함께 거하였으려니와 저희가 나간 것은 다 우리에게 속하지 아니함을 나타내려 함이니라"(요일 2:19).

"물과 피로 임하신"(요일 5:6) 예수 그리스도께서 완성하신 하나님의 의를 믿어서 거듭난 의인들은 하나님의 교회 안에서 말씀을 들으면서 영적으로 장성한 성도로 자라납니다. 영적으로 장성한 사람은 자기의 유익을 구하지 않습니다. 장성한 성도들은 진리의 복음을 전파해서 영혼들을 구원하는 일을 하나님께서 가장 기뻐하시는 줄을 알기에, 그 일에 자기의 마음을 온전히 드립니다. 장성한 자들은 먹든지 마시든지 무엇을 하든지 하나님의 영광을 위해서 삽니다.

그러나 거듭나지 못한 자들이나 거듭났더라도 영적으로 너무 어려서 육신적인 성도는 하나님의 일에는 별로 관심이 없습니다. 그런 이들은 자기의 유익만을 추구합니다. 그래서 자기와 육신적으로 생각이 같은 이들끼리 파당(派黨)을 만들게 되고, 그 결과 교회에 큰 해를 끼치게 됩니다.

"그리스도께서 어찌 나뉘었느뇨?"

예수 그리스도를 제대로 믿는 성도들은 나뉠 수가 없습니다. 진리의 복음으로 거듭난 자들은 똑같은 믿음, 똑같은 성령, 똑같은 세례를 받은 자들로서 결코 분열될 수가 없습니다.

"몸이 하나이요 성령이 하나이니 이와 같이 너희가 부르심의 한 소망 안에서 부르심을 입었느니라 주도 하나이요 믿음도 하나이요 세례도 하나이요 하나님도 하나이시니 곧 만유의 아버지시라 만유 위에 계시고 만유를 통일하시고 만유 가운데 계시도다"(엡 4:4-6).

어린 자들과 연약한 자들과 부족한 자들은 하나님의 교회를 더욱 의지하고 순종합니다. 또한 하나님의 교회는 마치 부모가 어린 자녀들을 돌보는 것처럼 그들을 사랑으로 양육하고 보호하기 때문에, 하나님 교회는 아름답고 그 안에는 분쟁이 있을 수 없습니다.

바울이 전한 성경대로의 복음

"그리스도께서 나를 보내심은 세례를 주게 하려 하심이 아니요 오직 복음을 전케 하려 하심이니 말의 지혜로 하지 아니함은 그리스도의 십자가가 헛되지 않게 하려 함이라 십자가의 도가 멸망하는 자들에게는 미련한 것이요 구원을 얻는 우리에게는 하나님의 능력이라"(고전 1:17-18).

바울이 이 말씀에 "그리스도의 십자가" 혹은 "십자가의 도"라고만 언급했다고, 어떤 이들은 "십자가의 피가 복음의 전부"라고 생각할 수도 있습니다. 그러나 천만의 말씀입니다. 바울은 자주 복음을 가리켜 "**그리스도의 비밀**"(엡 3:4, 골 4:3)이라고 표현했습니다. 성경대로의 복음, 즉 원형의 복음은 감추어진 비밀입니다.

사도 바울은 고린도전서 15장에서 성경대로의 복음을 선포했습니다. "형제들아 내가 너희에게 전한 복음을 너희로 알게 하노니 이는 너희가 받은 것이요 또 그 가운데 선 것이라 너희가 만일 나의 전한 그 말을 굳게 지키고 헛되이 믿지 아니하였으면 이로 말미암아 구원을 얻으리라 내가 받은 것을 먼저 너희에게 전하였노니 이는 성경대로 그리스도께서 우리 죄를 위하여 죽으시고 장사 지낸바 되었다가 성경대로 사흘 만에 다시 살아나사"(고전 15:1-4).

사도 바울이 고린도인들에게뿐만 아니라 모든 이들에게 전했던 복음은 "**성경대로 그리스도께서 우리 죄를 위해서 죽으시고 성경대로 다시 살아나셨다**"라는 기쁜 소식입니다. 이때 "**성경대로 그리스도께서 우리 죄를 위해서 죽으시고**"라는 말씀은 구약성경의 속죄 제사를 가리키는 말씀입니다.

구약성경에서 죄인이 죄 사함을 받으려면,

첫째, 흠 없는 제물을 끌고 와서

둘째, 반드시 그 머리에 안수해서 자기의 죄를 그 제물에게 넘기고

셋째, 그 제물의 목을 따서 받은 피를 뿌리고 그 제물은 번제(燔祭)로 대속(代贖)의 제사를 드려야 했습니다.

이스라엘 백성들이 매년 제 칠월 제 십일에 드렸던 대속죄일(大贖罪日)의 제사는 모든 속죄 제사의 결정판입니다. 그날에 대제사장 아론은 성막 뜰 안에서 먼저 자기와 자기 식구들의 속죄를 위해 수송아지와 염소로 제사를 드렸습니다.

그 후에 백성들의 1년 치 죄를 속량하기 위해서, 미리 준비했던 두 마리의 숫염소 중에서 제비를 뽑아 한 마리는 성막 뜰과 성막에서 속죄의 제사를 드렸습니다. 그 후에 아론은 마지막 남은 희생의 염소를 끌고 성막 뜰 밖으로 나왔습니다. 이렇게 아론은 모든 백성들이 보는 가운데, 마지막 속죄의 제사를 드렸습니다.

"그 지성소와 회막과 단을 위하여 속죄하기를 마친 후에 산 염소를 드리되 아론은 두 손으로 산 염소의 머리에 안수하여 이스라엘 자손의 모든 불의와 그 범한 모든 죄를 고하고 그 죄를 염소의 머리에 두어 미리 정한 사람에게 맡겨 광야로 보낼찌니 염소가 그들의 모든 불의를 지고 무인지경에 이르거든 그는 그 염소를 광야에 놓을찌니라" (레 16:20-22).

안수(按手)는 사람의 죄를 희생 제물에게 넘기는 공의(公義)한 법입니다. 아론은 매년 제 칠월 제 십일에 이스라엘 백성을 대표해서 흠 없는 염소의 머리에 안수한 상태로 백성들이 지난 1년 동안 지은 죄를 고했습니다. 그때에 대제사장 아론의 어깨와 팔을 타고 이스라엘 백성 전체의 일 년 치 죄가 그 염소에게 온전히 넘어갔습니다. 그 염소는 백성들의 일 년 치 죄를 짊어지고 광야에 버려져서 죽었습니다.

대속죄일(大贖罪日)의 제사는 **"장차 오는 좋은 일의 그림자"**(히 10:1)였습니다. **"해 마다 늘 드리는 바 같은 제사"**(히 10:1)가 계시하는 대로 예수님은 당신의 거룩한 몸을 제물로 삼아 **"한 영원한 제사"**(히 10:12)를 드려 주셨습니다. 예수님께서 드리신 영원한 속죄의 제사를 성경은 다음의 세 가지 요소로 증거합니다.

1. **성령의 증거:** 예수님은 육신으로 오신 성자 하나님이므로 전 인류의 죄를 담당할 **"흠 없는 합격 제물"**입니다.

2. **물의 증거:** 예수님은 요단강 물에서 인류의 대표자인 세례 요한에게 안수(按手)의 형식으로 세례를 받으심으로 **"세상 죄를 지고 가는 하나님의 어린양"**(요 1:29)이 되셨습니다.

3. **피의 증거:** 예수님은 십자가에 못 박혀서 **"다 이루었다"**(요 19:30)라고 외치시고 돌아가시기까지 온몸의 피를 쏟으심으로 우리의 모든 죄를 완벽하게 대속(代贖)하셨습니다.

"이는 물과 피로 임하신 자니 곧 예수 그리스도시라 물로만 아니요 물과 피로 임하셨고 증거하는 이는 성령이시니 성령은 진리니라 증거하는 이가 셋이니 성령과 물과 피라 또한 이 셋이 합하여 하나이니라"(요일 5:6-8).

이 세 가지 증거, 즉 성령의 증거, 물의 증거, 피의 증거를 모두 가지고 있는 복음이 성경대로의 복음이며 진리의 원형(原形) 복음입니다.

구약의 속죄 제사에서, 안수(按手)를 하지 않고 제물을 잡아 제사를 드렸다면, 그것은 불법 제사였습니다. 그와 같이, 원형복음의 세 가지 증거 중에서 하나라도 빠진 복음은 사이비(似而非) 복음이며 불법(不法)의 복음입니다. 그런 불법의 복음으로는 아무도 죄 사함을 받을 수 없습니다.

그러나 **"물과 피로 임하신"**(요일 5:6) 예수님께서 드려 주신 완전하고 영원한 속죄의 제사를 믿는 사람은 단번에 죄 사함을 받고 영원히 거룩한 의인이 됩니다.

"이 뜻을 좇아 예수 그리스도의 몸을 단번에 드리심으로 말미암아 우리가 거룩함을 얻었노라"(히 10:10).

"저가 한 제물로 거룩하게 된 자들을 영원히 온전케 하셨느니라"(히 10:14).

온전한 진리의 복음, 즉 사도들이 주님께로부터 직접 받아서 전했던 원형(原形)의 복음에는 예수님께서 받으신 세례의 능력이 살아 있습니다.

화로의 다리는 세 개입니다. 정족지세(鼎足之勢)라는 말처럼, 세 개의 다리는 가장 안전한 구조입니다. 만일 세 개의 화로 다리 중에서 하나를 잘라 버린다면, 화롯불은 쏟아지고 큰 불이 일어날 것입니다.

성령과 물과 피의 세 가지 증거 중에서 물의 증거를 잘라서 내버린 "십자가의 피만의 복음"이 온전한 복음이겠습니까? 성령과 피의 증거만으로 구성된 유사(類似) 복음으로는 결코 죄인이 죄 사함을 받고 의인으로 거듭날 수 없습니다. 자기의 모든 죄가 예수님께로 넘어간 증거의 말씀이 없기 때문입니다.

오늘날 기독교인들이 마음에 죄가 그대로 있는 기독죄인(基督罪人)들로 남게 된 이유는 진리의 원형(原形) 복음이 아닌 사이비 복음, 즉 **"다른 복음"**(갈 1:7)을 믿기 때문입니다.

십자가의 피만으로 구성된 복음은 "성경대로"의 복음이 아닙니다. 그것은 반쪽짜리 사이비(似而非) 복음입니다. 그런 복음을 믿어서는 절대로 거듭날 수 없습니다. 그것은 안수도 하지 않은 제물의 목을 따서 드린 불법의 제사와 같은 것입니다. 반쪽짜리 복음을 믿는 기독죄인들은 거듭나지 못했기 때문에 분쟁이 있을 수밖에 없고, 당파가 있을 수밖에 없고 서로 송사하는 일이 있을 수밖에 없습니다.

성경대로의 복음을 믿어서 거듭난 성도들의 마음에는 성령님이 계셔서 날이 갈수록 교회 안에서 믿음이 자라납니다. 또한 하나님의 말씀을 배우면서 자기의 부족과 연약과 악함을 더 깊이 깨닫고 인정하게 됩니다. 영적으로 자라날수록, 그들의 심령은 점점 더 가난하고 낮아집니다. 그래서 서로를 세워 주고 존중하며 감사하고 기다려 주기 때문에 교회 안에 분쟁이 없습니다.

그러나 거듭나지 못한 기독죄인들의 모임은 분쟁과 파당이 있을 수밖에 없습니다. 그들은 성령님을 받지 못해서 이기심과 자존심이 지배하는 육신의 생각을 이기지 못하기 때문입니다. 오늘날의 기독죄인들도 고린도교회가 파당으로 인해서 분열과 다툼에 휩싸였던 모습을 반면교사(反面敎師)로 삼아야 합니다.

고린도교회와 같이 추악한 모임이 되지 않으려면, 기독죄인들은 조속히 거듭나야 합니다. 그리고 **"물과 피의 복음"**을 믿어서 거듭난 자들도 교회 안에서 믿음의 장성한 자들로 자라나야 합니다.

"십자가의 도가
멸망하는 자들에게는 미련한 것이요
구원을 얻는 우리에게는
하나님의 능력이라"
(고전 1:18).

너희가 믿을 때에 성령을 받았느냐?

"오직 하나님이 성령으로 이것을 우리에게 보이셨으니 성령은 모든 것 곧 하나님의 깊은 것이라도 통달하시느니라

사람의 사정을 사람의 속에 있는 영 외에는 누가 알리요 이와 같이 하나님의 사정도 하나님의 영 외에는 아무도 알지 못하느니라

우리가 세상의 영을 받지 아니하고 오직 하나님께로 온 영을 받았으니 이는 우리로 하여금 하나님께서 우리에게 은혜로 주신 것들을 알게 하려 하심이라

우리가 이것을 말하거니와 사람의 지혜의 가르친 말로 아니하고 오직 성령의 가르치신 것으로 하니 신령한 일은 신령한 것으로 분별하느니라

육에 속한 사람은 하나님의 성령의 일을 받지 아니하나니 저희에게는 미련하게 보임이요 또 깨닫지도 못하나니 이런 일은 영적으로라야 분변함이니라

신령한 자는 모든 것을 판단하나 자기는 아무에게도 판단을 받지 아니하느니라

누가 주의 마음을 알아서 주를 가르치겠느냐 그러나 우리가 그리스도의 마음을 가졌느니라"(고전 2:10-16).

사도 바울은 사람들에게 "말과 지혜의 아름다운 것으로"(고전 2:1) 복음을 전하지 않았고, 오직 성령께서 자기에게 깨닫게 하신

역사를 좇아 주님께서 주셨던 진리의 복음을 전했습니다. "유대인은 표적을 구하고 헬라인은 지혜를 찾으나"(고전 1:22)라는 말씀대로, 거듭나지 못한 기독교인들은 이적(異蹟)이나 지식을 구합니다. 그러나 거듭난 종들은 주 예수 그리스도께서 인류를 모든 죄에서 구원하신 능력의 복음과 하나님의 뜻만을 전합니다.

"오직 하나님이 성령으로 이것을 우리에게 보이셨으니 성령은 모든 것 곧 하나님의 깊은 것이라도 통달하시느니라"(고전 2:10)는 말씀대로, 하나님의 뜻과 은혜는 성령님을 받지 않고서는 깨달을 수도, 전할 수도 없습니다. 그런데 거듭나지 못해서 성령님을 받지 못한 기독죄인들이 "나는 하나님을 잘 알기에 너희에게 전한다"라며 선생질을 하는 것이 참으로 큰 문제입니다.

사도 바울이 "그리스도 안에서 일만 스승이 있으되 아비는 **많지 아니하니**"(고전 4:15) 하고 탄식한 것처럼, 고린도교회에는 겸비하게 배우려고 하는 자들은 적었고, 가르치려고 하는 자들만 많았습니다. 죄 사함 받고 성령님을 선물로 받은 후에, 성령님의 깨닫게 하시는 바를 따라서 진리를 전하는 참된 선생이 많다면 얼마나 좋겠습니까? 그런데 거듭나지 못했거나 혹은 거듭났어도 영적으로 너무 어린 주제에 다른 이들을 가르치려고 하는 자들이 지금도 많습니다. 그것은 큰 적폐입니다.

누가 성령님을 선물로 받는가?

성령님은 거룩한 하나님입니다. 따라서 죄인의 마음에는 성령님께서 임하시지 않습니다. **"물과 피로 임하신"**(요일 5:6) 예수님께서 당신의 몸으로 드리신 **"한 영원한 제사"**(히 10:12)를 믿는 자들은 단번에 죄 사함을 받고 죄가 전혀 없는 의인이 됩니다. 이렇게 죄인이 진리의 복음을 믿어서 의인으로 변화되는 역사가 바로 **"거듭남"**(Being born-again)입니다. 그리고 성령님은 거듭난 의인들의 마음에만 임하십니다.

예수님께서 승천하신 후, 사도들과 제자들은 주께서 약속하신 성령님의 강림을 기다리며 간절히 기도했습니다. 오순절에 이르러 제자들은 그들 위에 불의 혀같이 갈라져서 임한 성령님의 충만을 입게 되었습니다. 그들은 성령님의 감동하심을 입고 뛰어나가서, 각기 다른 방언(方言, 외국어)으로 하나님께서 행하신 구원의 큰 역사를 외쳤습니다.

때는 마침 초실절(初實節, 오순절)이어서, 지중해 연안의 각 지방에서 경건한 유대인들이 예루살렘에 와서 지내고 있었는데, 그들이 각기 자기 본향의 언어로 복음을 들었습니다. 그러자 그들은 마음에 찔려서, **"형제들아 우리가 어찌할꼬?"**(행 2:37) 하고 사도들과 제자들에게 물었습니다.

베드로는 **"너희가 회개하여 각각 예수 그리스도의 이름으로 세례를 받고 죄 사함을 얻으라 그리하면 성령을 선물로 받으리니"**(행 2:38) 하고 선포했습니다. 마음에 흰 눈같이 죄 사함을 받고 거듭나야만, 성령님을 선물로 받습니다. 마음에 죄가 있는 가독죄인들은 절대로 성령님을 받을 수 없습니다. 거룩하신 성령님께서는 죄와 함께 거하실 수 없기 때문입니다.

그런데도 기독죄인(基督罪人)들은 자기들이 성령을 받았다고 강변합니다. 그들은 자기들이 성령을 받았기에 방언(方言)을 한다고 주장합니다. 그들이 받은 영은 성령이 아닙니다. 그것은 요란하고 추악한 영입니다. 광명의 천사로 가장한 사단 마귀의 영입니다.

그래서 악한 영은 기독죄인들이 온갖 유치하고 더러운 짓을 하게 하고, 또 말씀을 혼잡하게 해서 그들이 거짓을 좇아가게 합니다.

악한 영의 인도를 받아서 **"말씀을 혼잡케"**(고후 4:2) 하는 자들은 단계적 구원론을 주장합니다. 구원의 단계를 칭의(稱義) 구원, 성화(聖化) 구원, 영화(榮華) 구원으로 구분 지어서 그럴듯하게 설명합니다. 어떤 이들은 심지어 구원의 과정을 더 세분해서 10단계 구원론을 주장하기도 합니다. ①예정, ②소명(부르심), ③중생(重生), ④믿음, ⑤칭의(稱義), ⑥회개, ⑦양자 됨, ⑧성화, ⑨견인, ⑩영화—이렇게 10단계를 거쳐서 죄인은 구원을 받는다고 주장하는 것이 10단계 구원론입니다.

그러나 성경은 그렇게 말씀하지 않습니다.

"또 미리 정하신 그들을 또한 부르시고 부르신 그들을 또한 의롭다 하시고 의롭다 하신 그들을 또한 영화롭게 하셨느니라"(롬 8:30).

하나님께서는 전 인류가 그리스도 안에서 단번에 죄 사함을 받게 해서 당신의 자녀로 삼으시기로 창세 전에 이미 예정하셨습니다. 그리고 하나님께서는 복음의 진리로 모든 죄인들을 부르셨습니다. 그 부르심에 응답한 자들은 흰 눈같이 죄 사함을 받고 단번에 의인으로 거듭나서 하나님의 자녀의 영광에 이르게 됩니다.

우리가 진리의 원형복음(原形福音)을 믿을 때에, 우리는 단번에 의롭고 거룩하게 되어 하나님의 자녀의 영광에 이릅니다. 우리는 죄 사함을 받는 동시에 성령을 선물로 받아 성령님의 인치심을 따라 빛의 자녀로 거듭나게 됩니다. 그리고 거듭난 의인들은 진리의 복음을 증거하는 의롭고 선한 삶을 살게 됩니다. 거듭난 의인들만 **"너희가 전에는 어두움이더니 이제는 주 안에서 빛이라 빛의 자녀**

들처럼 행하라"(엡 5:8)고 하신 말씀을 순종할 수 있습니다.

"우리가 이것을 말하거니와 사람의 지혜의 가르친 말로 아니하고 오직 성령의 가르치신 것으로 하니 신령한 일은 신령한 것으로 분별하느니라"(고전 2:13).

신령한 일은 신령한 것으로만 분별됩니다. "신령한"이라는 말은 "영적인(spiritual)"이라는 뜻입니다. 성령을 받아야만 영적인 일, 즉 하나님께서 기뻐하시는 일이 무엇인지를 깨닫고 분별하게 됩니다. 성령님을 받지 못한 자는 하나님의 말씀이나 하나님의 섭리를 제대로 깨달을 수 없습니다.

누가 죄 사함을 받아서 성령님을 선물로 받습니까? 자기의 악함과 비참함을 인정하고 **"물과 피와 성령이 합하여 하나"**(요일 5:8)인 진리의 원형복음을 믿는 자라야 죄 사함을 받고 성령을 선물로 받습니다. 다시 한번 말씀드리지만, 죄 사함을 받고 거듭난 의인들만 성령을 선물로 받습니다.

구약의 속죄 제사는 ①흠 없는 제물이 있어야 했고, ②반드시 제물의 머리에 안수해서 죄를 제물에게 넘겨야 했고, ③ 그 제물이 반드시 대속의 피를 흘리고 죽어야 했습니다. 이 뜻을 좇아 예수 그리스도께서 당신의 몸을 제물로 삼아 **"한 영원한 제사"**(히 10:12)를 드려 주셨습니다. 구약의 속죄 제사에 계시된 하나님의 공의한 구원의 법대로, **"물과 피로 임하신"**(요일 5:6) 하나님의 아들 예수님께서 우리를 모든 죄에서 온전히 구원하셨습니다.

그러나 사단 마귀가 속여 놓은 반쪽짜리의 복음, 즉 십자가의 피만의 복음으로는 마음의 죄가 흰 눈같이 씻어질 수가 없습니다. 정직한 사람이라면 아무리 오랫동안 십자가의 피를 믿었어도 자기의 마음에는 죄가 있다는 사실을 인정합니다. 기독죄인(基督罪人)

들은 자기의 죄가 주님께로 넘어간 증거의 말씀을 모르기 때문입니다.

그러나 성경은 "나의 죄가 예수님께서 받으신 세례로 주님께 넘어가서 십자가의 피로 완벽하게 대속되었다"라는 증거의 말씀을 선포합니다. 원형의 복음은 "**증거하는 이가 셋이니 성령과 물과 피라 또한 이 셋이 합하여 하나이니라**"(요일 5:8) 하신 말씀 안에 함축되어 있습니다. 성령과 물과 피의 증거를 다 가진 원형의 복음을 믿어서 거듭난 의인들만이 성령을 선물로 받고 빛의 자녀로 살아갈 수 있습니다.

"하나님의 아들을 믿는 자는 자기 안에 증거가 있고 하나님을 믿지 아니하는 자는 하나님을 거짓말 하는 자로 만드나니 이는 하나님께서 그 아들에 관하여 증거하신 증거를 믿지 아니하였음이라"(요일 5:10).

육에 속한 자와 영에 속한 자

"육에 속한 사람은 하나님의 성령의 일을 받지 아니하나니 저희에게는 미련하게 보임이요 또 깨닫지도 못하나니 이런 일은 영적으로라야 분변함이니라"(고전 2:14).

"**육에 속한 사람**"이란 아직 거듭나지 못한 사람을 의미합니다. 죄인들은 성령님께서 그들의 마음에 계시지 않기 때문에 하나님의 성령님을 선물로 받은 하나님의 종들의 말을 어리석고 미련하다고 여깁니다. 그래서 그들은 거듭난 종들의 교훈을 무시하고 배척합니다.

거듭난 의인들은 성령님께서 깨닫게 하시는 은혜로 하나님의 기뻐하시는 뜻을 분별합니다. 그리고 하나님의 말씀을 사람들에게 올바로 전해 주어서, 그들을 거듭나게 하고 양육하는 영의 아비가 됩니다. "그리스도 안에서 일만 스승이 있으되 아비는 **많지 아니하니 그리스도 예수 안에서 복음으로써 내가 너희를 낳았음이라**"(고전 4:15). 이 말씀에서 **"아비"**는 하나님의 뜻을 좇는 하나님의 종들입니다.

"**누가 주의 마음을 알아서 주를 가르치겠느냐 그러나 우리가 그리스도의 마음을 가졌느니라**"(고전 2:16).

아무나 주의 마음을 품고 사람들에게 주님의 뜻을 가르칠 수 없습니다. 거듭나지 못한 기독죄인들은 결코 주님과 주님께서 행하신 구원의 사역에 대해서 가르칠 수 없습니다. 우리는 진리의 복음을 믿어서 죄 사함을 받았고 성령님을 선물로 받았습니다. 그래서 주의 마음을 품고 진리의 복음으로 영혼들을 구원하는 일에 우리 자신을 드립니다.

여러분은 예수님을 믿고서 성령님을 선물로 받았습니까? 사도 바울이 에베소에 이르렀을 때에, 하나님을 믿는 한 무리의 사람들을 만났습니다. 바울은 그들이 거듭나지 못한 줄을 즉시로 알았습니다. 그래서 바울은 그들에게, "**너희가 믿을 때에 성령을 받았느냐**"(행 19:2) 하고 단도직입적으로 물었습니다.

그들은 "**아니라 우리는 성령이 있음도 듣지 못하였노라**" 하고 대답하였습니다. 그들은 요한의 세례만 아는 수준이었습니다. 그들은 진정으로 회개한 자들이었다는 뜻입니다. 사도 바울은 그들에게 예수 그리스도의 세례의 복음을 전해 주었습니다. 그러자 그들은 죄 사함을 받고 성령님을 선물로 받았습니다.

성령은 신비한 체험이나 감정의 충만으로 받는 것이 아닙니다.

진리의 복음을 믿어서 죄 사함을 받아야만 성령님을 선물로 받습니다. 마음에 죄가 있는 이에게는 성령님이 절대로 거하실 수 없습니다. 고린도교회의 회중 가운데 많은 사람들이 죄 사함을 온전히 받지 못했습니다. 그렇게 성령님을 받지 못한 자들이 선생질을 하겠다고 나댔기 때문에 고린도교회에는 많은 문제가 생긴 것입니다.

마음에 죄가 있어서 성령님을 받지 못한 자는 절대로 하나님의 뜻을 온전히 깨달을 수 없습니다. 기독죄인들은 먼저 죄 사함을 받고 성령님을 선물로 받은 후에, 하나님의 종들에게 양육을 받아야 합니다. 거듭난 후에도 믿음의 장성한 자가 되어야, 하나님의 뜻을 좇아 영혼들을 구원하고 양육하는 영의 아비가 될 수 있습니다.

믿음의 집을 제대로 짓고 있습니까?

"내게 주신 하나님의 은혜를 따라 내가 지혜로운 건축자와 같이 터를 닦아 두매 다른 이가 그 위에 세우나 그러나 각각 어떻게 그 위에 세우기를 조심할찌니라

이 닦아 둔 것 외에 능히 다른 터를 닦아 둘 자가 없으니 이 터는 곧 예수 그리스도라

만일 누구든지 금이나 은이나 보석이나 나무나 풀이나 짚으로 이 터 위에 세우면

각각 공력이 나타날 터인데 그 날이 공력을 밝히리니 이는 불로 나타내고 그 불이 각 사람의 공력이 어떠한 것을 시험할 것임이니라

만일 누구든지 그 위에 세운 공력이 그대로 있으면 상을 받고

누구든지 공력이 불타면 해를 받으리니 그러나 자기는 구원을 얻되 불 가운데서 얻은 것 같으리라

너희가 하나님의 성전인 것과 하나님의 성령이 너희 안에 거하시는 것을 알지 못하느뇨

누구든지 하나님의 성전을 더럽히면 하나님이 그 사람을 멸하시리라 하나님의 성전은 거룩하니 너희도 그러하니라"(고전 3:10-17).

우리의 신앙생활은 믿음의 집을 짓는 것입니다. 집을 지을 때 제일 중요한 것은 집을 지을 기초(집터)입니다. 기초가 튼튼해야

그 위에 세운 집이 어떤 비바람에도 무너지지 않고 잘 견딥니다. 예수님께서도 주님의 말씀을 듣고 행하는 자는 반석 위에 집을 지은 지혜로운 자와 같다고 말씀하셨습니다. 반석 위에 집을 지어야 홍수가 나고 비바람이 몰아쳐도 집이 무너지지 않습니다.

"이 터는 곧 예수 그리스도라" 하셨듯이 우리 믿음의 집을 지을 터(기초)는 예수 그리스도입니다. 하나님의 아들이신 예수 그리스도께서 이 땅에 오셔서, 우리의 죄를 어떻게 없애 주셨는지를 알고 믿는 것이 우리 신앙생활의 기초(터)입니다. 이 터가 제대로 놓여야만 그 위에 믿음의 집을 올바르게 지을 수 있습니다. 온전한 복음 위에 집을 짓지 않고 다른 터 위에 집을 지으면, 그런 믿음의 집은 쉽게 무너져 내립니다.

"이 터는 곧 예수 그리스도라"(고전 3:11).

예수 그리스도는 하나님의 아들입니다. 영이신 성자(聖子) 하나님이 육신을 입고 이 땅에 오셔서, 구약의 속죄 제사법 그대로 우리 인류를 죄에서 온전히 구원해 주셨습니다. 구약의 속죄 제사는 ① 반드시 흠 없는 제물이 있어야 했고, ② 반드시 그 제물의 머리에 안수해서 죄를 넘겨야 했고, ③ 반드시 그 제물의 목을 따서 흘린 피로 죗값을 지불해야 했습니다. 구약의 속죄 제사에 계시된 구원의 법을 좇아, 흠 없는 어린양으로 오신 예수님은 요단강에서 받으신 세례와 십자가에서 흘리신 피로 전 인류를 죄에서 온전히 구원하셨습니다.

성경대로의 복음

"형제들아 내가 너희에게 전한 복음을 너희로 알게 하노니 이는 너희가 받은 것이요 또 그 가운데 선 것이라 너희가 만일 나의 전한 그 말을 굳게 지키고 헛되이 믿지 아니하였으면 이로 말미암아 구원을 얻으리라 내가 받은 것을 먼저 너희에게 전하였노니 이는 성경대로 그리스도께서 우리 죄를 위하여 죽으시고 장사 지낸 바 되었다가 성경대로 사흘 만에 다시 살아나사"(고전 15:1-4).

사도 바울은 자기가 부활하신 주님께로부터 받았던 복음을 고린도 교인들에게도 전했습니다. 초대교회의 사도들이 전했던 복음은 "예수님이 성경대로 우리 죄를 위하여 죽으셨다가 성경대로 다시 살아나셨다"라는 **"성경대로의 복음"**입니다. 이것이 원형(原形)의 복음입니다.

구약에 기록된 속죄 제사의 결정판은 "대속죄일(大贖罪日)의 제사"입니다. 그날에 아론은 성막(聖幕) 안에서의 여러 제사들을 마친 후, 마지막 제물인 숫염소를 끌고서 성막 문 밖으로 나왔습니다. 그리고 백성들이 보는 앞에서 그 희생 염소의 머리에 안수한 채로 이스라엘 백성의 1년 치 죄를 고했습니다. 그러면 그 모든 죄가 염소의 머리로 넘어갔습니다. 그 염소는 백성들의 1년 치 죄를 짊어지고 광야에 버려져 죽었습니다.

"그 지성소와 회막과 단을 위하여 속죄하기를 마친 후에 산 염소를 드리되 아론은 두 손으로 산 염소의 머리에 안수하여 이스라엘 자손의 모든 불의와 그 범한 모든 죄를 고하고 그 죄를 염소의 머리에 두어 미리 정한 사람에게 맡겨 광야로 보낼찌니 염소가 그들의 모든 불의를 지고 무인지경에 이르거든 그는 그 염소를 광야에 놓을찌니라"(레 16:20-22).

대속죄일의 제사는 "장차 오는 좋은 일의 그림자"(히 10:1)였습니다. 대속죄일에 마지막 제물로 드려졌던 숫염소처럼, 흠 없는 어린양으로 오신 예수님은 요단강으로 오셔서 아론의 후손이자 인류의 대표자인 세례 요한에게 안수의 형식으로 세례를 받았습니다. **"이제 허락하라 우리가 이와 같이 하여 모든 의를 이루는 것이 합당하니라"**(마 3:15) 하신 예수님의 명령을 좇아, 세례 요한은 예수님 머리에 안수의 방식으로 세례를 베풀었습니다. 그 세례로 인류의 모든 죄와 허물은 단번에 예수님께로 넘어갔습니다.

예수님께서 세례를 받으신 이튿날에, 세례 요한은 예수님께서 자기에게 나아오심을 보고, **"보라 세상 죄를 지고 가는 하나님의 어린 양이로다"**(요 1:29)라고 외쳤습니다. 이처럼 예수님은 받으신 세례로 담당한 세상 죄를 짊어지시고 십자가로 가셨습니다. 그리고 주님은 십자가에 못 박혀서 피를 흘리시고 돌아가셨습니다.

주님은 숨지시기 직전에 **"다 이루었다"**(요 19:30)라고 크게 외치셨습니다. 그때에 성전의 지성소 앞에 드리워져 있었던 휘장이 위에서 아래까지 큰 폭으로 찢어져서(마 27:51, 막 15:38, 눅 23:45) 지성소로 들어가는 길이 활짝 열렸습니다. 이제 예수님께서 당신의 몸을 제물로 삼아 드리신 **"한 영원한 제사"**(히 10:12)를 믿는 자는 누구든지 하나님의 보좌 앞에 담대히 나아가게 되었습니다(히 4:16).

하나님의 어린양으로 오신 예수님께서 인류의 대표자인 세례 요한에게 안수의 형식으로 세례를 받으셔서, 저와 여러분들의 모든 죄, 즉 인류의 모든 죄를 온전히 짊어지셨습니다. 그리고 **"이와 같이 하여"**(마 3:15) 세상 죄를 짊어지신 주님은 십자가에 못 박혀서 **"다 이루었다"**(요 19:30)라고 외치시고 돌아가시기까지 피를 흘려 심판을 받아 주심으로, 다시는 우리에게 심판과 멸망이 없도록 우리를 죄에서 온전히 구원해 주셨습니다. 이것이 바로 **"성경대로의**

복음"이며, 이것이 바로 사도 바울이 주님께로부터 받았고 우리에게 전한 원형(原形)의 복음입니다.

십자가의 피만의 복음

사도 요한도 예수님을 가리켜 **"물과 피로 임하신 자"**(요일 5:6)라고 선포했습니다. 예수님은 세례와 십자가로 우리를 모든 죄에서 구원하셨고 이 진리를 증거하시는 분은 성령님입니다. 진리의 원형 복음에는 성령의 증거, 물의 증거, 피의 증거가 다 포함됩니다. 만일 이 세 가지 증거 중에서 어느 하나라도 빠진 복음이 있다면, 그것은 불법의 복음이며 **"다른 복음"**(갈 1:7, 고후 11:4)입니다.

그런데 사단 마귀는 **"성령과 물과 피가 합하여 하나"**(요일 5:8)인 진리의 복음에서 "물의 증거"를 빼버리고 십자가의 피만의 복음, 즉 반쪽짜리 복음을 유포시켰습니다. 그 결과 아무 능력이 없는 가라지의 복음이 오늘날 전 세계의 기독교를 뒤덮게 되었습니다.

믿음의 집을 짓는 데 제일 중요한 것은 터인데, 그 터는 복음을 의미합니다. 그리고 물과 피와 성령이 합하여 하나인 진리의 원형 복음만이 예수님께서 우리에게 주신 유일한 믿음의 터입니다. "십자가의 피만의 복음"이라는 다른 터 위에는 견고한 믿음의 집을 지을 수 없습니다. 원형의 복음이 아닌 다른 복음으로 터를 삼은 집은 모래 위에 지은 집과 같이 재난과 환란의 날에 다 무너집니다.

믿음의 삶으로 짓는 믿음의 집

"이 닦아 둔 것 외에 능히 다른 터를 닦아 둘 자가 없으니 이 터는 곧 예수 그리스도라 만일 누구든지 금이나 은이나 보석이나 나무나 풀이나 짚으로 이 터 위에 세우면 각각 공력이 나타날 터인데 그 날이 공력을 밝히리니 이는 불로 나타내고 그 불이 각 사람의 공력이 어떠한 것을 시험할 것임이니라"(고전 3:11-13).

우리가 원형의 복음을 믿음으로 거듭나서 의인이 된 후에 어떠한 삶을 살아야 하겠습니까? 진리의 복음을 믿음으로 거듭난 의인들은 자기의 남은 생애를 하나님의 뜻을 위해서 드립니다. 그것이 복음의 터 위에 집을 짓는 일입니다.

어떤 이는 거듭난 후에도 자기의 욕망과 육신의 생각을 좇아 살아갑니다. 그런 사람은 구원을 받았어도 이 세상 풍속을 좇는 자입니다. 주님께서 재림하셔서 심판의 보좌를 베푸시고 시험하실 때에, 그런 자의 공력은 다 타버리고 맙니다. 혹시 그런 자가 진리의 복음을 겨우 마음에 붙들고 있다면, 그는 구원을 받기는 하겠지만, 그것은 마치 **"불 가운데서 얻은 것"**(고전 3:15) 같이 부끄러운 구원일 것입니다.

그러나 거듭난 후에, 천국에 소망을 두고 먼저 그의 나라와 그의 의를 구하는 삶을 산 사람은 하나님의 말씀과 뜻을 믿음으로 좇아갑니다. 그런 의인의 삶은 은이나 금이나 보석처럼 아름다운 날들로 채워져서, 마지막 때에 공력을 시험하는 불이 임하면 더욱 빛나게 됩니다.

하나님의 말씀이 믿음의 집을 짓는 건축 자재입니다. 여러분의 마음에 하나님의 말씀을 기둥과 대들보처럼 믿는 믿음이 있습니까?

지금 이 순간, 기둥같이 여러분을 지탱해 주고 있는 말씀이 여러분의 마음 안에 있는가 한번 헤아려 보십시오.

저는 "**너희는 먼저 그의 나라와 그의 의를 구하라 그리하면 이 모든 것을 너희에게 더하시리라**"(마 6:33)는 말씀을 믿습니다. 저는 이 말씀을 적용해서 모든 일의 우선순위를 결정합니다. 또 저는 "**그런즉 너희가 먹든지 마시든지 무엇을 하든지 다 하나님의 영광을 위하여 하라**"(고전 10:31)는 말씀도 마음의 푯대로 삼고 있습니다.

"**항상 기뻐하라 쉬지 말고 기도하라 범사에 감사하라 이는 그리스도 예수 안에서 너희를 향하신 하나님의 뜻이니라**"(살전 5:16-18). 저는 이 말씀도 마음의 기둥으로 여깁니다. 그래서 어떤 일을 당하든지 마음의 평안을 지킬 수 있고 하나님을 바라보게 됩니다.

사도 바울은 고린도에 있는 성도들이 믿음의 집을 제대로 짓기를 바랬습니다. 그러나 고린도교회의 교인들 중에는 믿음의 터(기초)도 제대로 놓이지 않았던 이들이 많았습니다. 또 그들 중에는 복음의 터는 겨우 놓였다고 해도, 자기의 욕망과 영광을 좇아간 자들이 많았습니다. 그들은 자랑과 시기와 질투와 당 짓는 것과 같은 악취로 교회에 해를 입혔습니다.

우리는 고린도 교인들의 모습을 반면교사(反面教師)로 삼아야 합니다. 우리는 진리의 복음으로 믿음의 견고한 터를 삼고, 그 터 위에 말씀을 순종하는 정금 같은 믿음으로 믿음의 집을 지어야 합니다.

저는 여러분이 진리의 복음 위에 금이나 은이나 보석으로 믿음의 집을 짓고, 많은 사람들을 옳은 데로 인도하다가 주님을 뵙게 되기를 바랍니다. 그래서 주님께서 다시 오실 때에, 주님께로부터 **"잘 하였도다 착하고 충성된 종아 네가 작은 일에 충성하였으매 내가 많은 것으로 네게 맡기리니 네 주인의 즐거움에 참예할찌어다"**(마 25:21) 하는 칭찬과 상급을 받는 성도들이 되기를 바랍니다.

가르치려고만 하지 말고
아비가 되어라

"내가 생각건대 하나님이 사도인 우리를 죽이기로 작정한 자 같이 미말에 두셨으매 우리는 세계 곧 천사와 사람에게 구경거리가 되었노라

우리는 그리스도의 연고로 미련하되 너희는 그리스도 안에서 지혜롭고 우리는 약하되 너희는 강하고 너희는 존귀하되 우리는 비천하여

바로 이 시간까지 우리가 주리고 목마르며 헐벗고 매맞으며 정처가 없고

또 수고하여 친히 손으로 일을 하며 후욕을 당한즉 축복하고 핍박을 당한즉 참고

비방을 당한즉 권면하니 우리가 지금까지 세상의 더러운 것과 만물의 찌끼 같이 되었도다

내가 너희를 부끄럽게 하려고 이것을 쓰는 것이 아니라 오직 너희를 내 사랑하는 자녀 같이 권하려 하는 것이라

그리스도 안에서 일만 스승이 있으되 아비는 많지 아니하니 그리스도 예수 안에서 복음으로써 내가 너희를 낳았음이라

그러므로 내가 너희에게 권하노니 너희는 나를 본받는 자 되라

이를 인하여 내가 주 안에서 내 사랑하고 신실한 아들 디모데를 너희에게 보내었노니 저가 너희로 하여금 그리스도 예수 안에서 나의 행사 곧 내가 각처 각 교회에서 가르치는 것을 생각나게 하리라

어떤이들은 내가 너희에게 나아가지 아니할 것 같이 스스로 교만하여졌으나

그러나 주께서 허락하시면 내가 너희에게 속히 나아가서 교만한 자의 말을 알아 볼 것이 아니라 오직 그 능력을 알아 보겠노니

하나님의 나라는 말에 있지 아니하고 오직 능력에 있음이라

너희가 무엇을 원하느냐 내가 매를 가지고 너희에게 나아가랴 사랑과 온유한 마음으로 나아가랴"(고전 4:9-21).

선생들만 가득한 오늘날의 기독교

"그리스도 안에서 일만 스승이 있으되 아비는 많지 아니하니 그리스도 예수 안에서 복음으로써 내가 너희를 낳았음이라"(고전 4:15).

고린도교회의 교인들은 웬만하면 다 선생이었습니다. 영적인 아비는 거의 없었습니다. 신자들 대부분이 교만해서 가르치려고만 들었다는 말입니다. 그들 안에는 영적인 아비로서 영혼들을 보호하고 올바르게 양육하는 믿음의 장성한 이들이 없었습니다.

"우리는 그리스도의 연고로 미련하되 너희는 그리스도 안에서 지혜롭고 우리는 약하되 너희는 강하고 너희는 존귀하되 우리는 비천하여 바로 이 시간까지 우리가 주리고 목마르며 헐벗고 매맞으며 정처가 없고 또 수고하여 친히 손으로 일을 하며 후욕을 당한즉 축복하고 핍박을 당한즉 참고 비방을 당한즉 권면하니 우리가 지금까지 세상의 더러운 것과 만물의 찌끼 같이 되었도다"(고전 4:10.13).

사도 바울이나 그의 동역자들은 진리의 복음을 위해서 모든 것

을 희생했습니다. 바울은 자비량(自費糧)하며 복음을 전파했습니다. 그는 잠도 자지 못하고 자기 손으로 일해서 번 돈을 복음을 위해서 사용했습니다. 그의 동역자였던 아볼로, 디모데, 디도, 브리스길라와 아굴라 등도 사도 바울의 본을 좇아 자비량하며 복음을 전파했습니다.

그와 반대로 고린도교회의 교인들은 매우 교만했습니다. 심지어 그들은 자비량(自費糧)하며 자기들에게 구원의 말씀을 전해 준 사도 바울조차도 판단하고 업신여겼습니다. 그들은 스스로를 강하고 지혜롭다고 여기며 오히려 자기들에게 복음을 전해 준 이들을 가르치려고 들었습니다.

"누가 너를 구별하였느뇨 네게 있는 것 중에 받지 아니한 것이 무엇이뇨 네가 받았은즉 어찌하여 받지 아니한 것 같이 자랑하느뇨"(고전 4:7).

고린도 교인들이 그토록 경쟁적으로 선생질을 하려 했지만, 그들이 거듭나도록 인도하고 가르친 이는 사도 바울이었습니다. 그들이 얻은 모든 영적 은혜는 바울과 그의 동역자들의 수고와 헌신의 산물이었습니다. 그런데도 그들은 배은망덕하게 마치 자기들이 잘나서 모든 구변에 능한 자들이 되었다고 스스로를 자랑했습니다.

오늘날의 현실도 유사합니다. 누구를 가르치려면 먼저 가르칠 자격을 갖추어야 합니다. 거듭나는 것이 무엇이며 사람이 어떻게 거듭나는지도 모르는 이들이 선생의 자리에 앉아서 목사질을 하고 있습니다. 고린도교회에는 "일만 스승이 있으되 아비가 적었다"라는 말씀을 오늘날 기독교는 반면교사로 삼아야 됩니다.

사도 바울은 "그리스도 안에서 일만 스승이 있으되 아비는 많지 아니하니 그리스도 예수 안에서 복음으로써 내가 너희를 낳았음이라"(고전 4:15)고 말씀했습니다. 거듭나고 장성해져서 영의 자식을 낳을 수 있는 자가 아비입니다.

창세기에는 "누가 누구를 낳았다"라는 말씀이 반복적으로 기록되어 있습니다. 거듭나서 생명이 있는 이라야 영적인 자식을 낳을 수 있습니다. 죄인에게 진리의 복음을 전해서 의인으로 거듭나게 하는 사람이 영의 아비입니다.

아비가 되려면 먼저 자신이 거듭나야 합니다. 거듭난 의인이라야 다른 이들을 거듭나게 해서 영적인 자녀로 삼을 수 있습니다. 그래서 사도 바울은 간절한 마음으로, "너희 가운데 진정으로 영적인 자녀를 낳아서 양육할 영적 아비들이 일어나기를 바란다"라는 뜻으로 이 말씀을 한 것입니다.

오늘날의 교회에도 진리의 복음을 믿고 거듭나서 아비의 심령으로 영혼들을 거듭나게 하고 또 양육하는 하나님의 일꾼들이 많이 일어나기를 바랍니다.

바울이 점검하고자 했던 성도의 "능력"이란?

"내가 너희에게 속히 나아가서 교만한 자의 말을 알아 볼 것이 아니라 오직 그 능력을 알아 보겠노니 하나님의 나라는 말에 있지 아니하고 오직 능력에 있음이라"(고전 4:19-20).

자기를 과시하려고 선생질만 하려는 사람들은, **"유대인은 표적을 구하고 헬라인은 지혜를 찾으나"**(고전 1:22)라는 말씀대로, 두 가지 경향을 띱니다.

첫째, 거듭나지 못한 기독교인들은 이적(異蹟)을 체험했다고 자랑합니다. 자기가 기도하는 중에 환상을 봤다든지, 놀라운 치유의 역사를 경험했다든지 하는 영적 체험을 근거로 그들은 자기가 하나님의 종이라고 선전합니다. 그러나 거듭나지 못한 기독죄인(基督罪人)은 결코 하나님의 종이 될 수 없습니다.

"헬라인은 지혜를 찾으나"(고전 1:22).

거듭나지 못했으면서 선생질하려는 두 번째 부류는 자기의 지식을 자랑하는 자들입니다. 기독교 안에는 성경 또는 그와 관련된 지식을 과시하는 사람들이 많습니다. 성경을 해석하고 바르게 이해하는 데 도움이 되는 지식은 권장해야 합니다.

그러나 내용분석법이나 고등비평학 등을 거론하면서 세상의 철학과 논리를 이용해서 성경의 진리를 난도질하는 것은 지양(止揚)해야 합니다. 하나님의 말씀은 영이요 생명입니다. 거듭나서 성령을 선물로 받은 의인들은 성경에서 하나님의 뜻을 제대로 깨닫고 올바로 따라갑니다.

"어떤 이들은 내가 너희에게 나아가지 아니할 것 같이 스스로 교만하여졌으나 그러나 주께서 허락하시면 내가 너희에게 속히 나아가서 교만한 자의 말을 알아 볼 것이 아니라 오직 그 능력을 알아 보겠노니 하나님의 나라는 말에 있지 아니하고 오직 능력에 있음이라"(고전 4:18-20).

"말로 떡을 하면 조선 팔도가 다 먹는다"라는 속담이 있습니다. 고린도에 있는 교인들도 말로는 청산유수(靑山流水)였습니다. 그러나 하나님의 나라는 말에 있지 않고 오직 능력에 있습니다.

여기서 말씀하는 능력은 무엇일까요? 기도했더니 앉은뱅이가 일어나고 귀신이 쫓겨나가며 방언과 예언을 유창하게 말하는 것을 의미합니까? 아닙니다. 사도 바울은 온전한 것이 오면 예언도 그치고 방언도 폐한다고 선포했습니다.

그러면 도대체 사도 바울이 언급한 "능력"이란 무엇입니까? 말을 빤드레하게 한다고 사람들의 마음이 변화되고 하나님의 뜻을 좇게 하는 생명의 역사가 일어나지는 않습니다. 해박한 성경 지식으로 윽박지르며 가르친다고 듣는 사람들이 변화되지는 않습니다. 그 자리에서는 뭔가 감동을 받은 것 같지만 돌아서면 다 아무 소용이 없습니다.

사람들이 하나님의 사람에게서 믿음의 본(本)을 볼 때에, 그들은 진정으로 하나님을 향해서 돌이키고 또 믿음의 선배들의 발자취를 따라갑니다. 믿음은 듣고서 따르는 것이 아니라 보고서 따르는 것입니다.

사도 바울은 말씀으로도 바른 길을 가르쳤지만, 그는 실제로 하나님 말씀을 순종하는 삶을 살았습니다. 바울의 삶의 모범을 보고 바울의 제자들도 자원함과 기쁨으로 바울의 발자취를 따라갔습니다. 믿음의 본을 삶으로 보이는 것이 능력입니다.

사도 바울은 오직 복음 전파를 위해서 자지도 않고 밤낮으로 수고했습니다. 그렇게 자기 손으로 번 것으로 복음의 일들을 전개하면서 영혼들을 사랑으로 보살피는 것을 보고서, 그의 제자들과 성도들은 자기들도 믿음으로 순종하는 삶을 살게 되었습니다. 하나님의 말씀을 믿음으로 순종하는 것이 능력입니다. 하나님 말씀을 자기가 먼저 믿고 말씀을 순종할 때, 그의 순종하는 모습이 능력으로 역사합니다. 그것이 믿음의 본(本)입니다.

"형제들아 너희는 함께 나를 본받으라 또 우리로 본을 삼은 것 같이 그대로 행하는 자들을 보이라"(빌 3:17).

사도 바울은 하나님의 말씀을 믿음으로 순종했습니다. 그러한 순종의 삶은 자기에게도 복이 되고, 다른 이들도 종의 솔선수범을 따라서 믿음의 삶을 살게 합니다. 하나님의 말씀을 온전히 믿는 사람은 그 말씀을 좇아 살게 되어 있습니다. 하나님의 말씀을 온전히 믿지 않으니까, 말만 빤드레하게 하고 행함이 없는 것입니다. 하나님 말씀을 진정으로 믿는 사람은 행함이 있고, 그것이 믿음의 능력입니다.

"기록한바 내가 믿는 고로 말하였다 한 것 같이 우리가 같은 믿음의 마음을 가졌으니 우리도 믿는 고로 또한 말하노라"(고후 4:13).

바울은 하나님의 말씀을 믿었기 때문에 말씀을 전했고, 자신이 먼저 그 말씀에 순종했습니다. 바울은 이렇게 언행이 일치했습니다. 그는 말씀을 믿는 고로 그대로 순종해서 행했습니다. 바울은 말만 빤드레하게 하고 말씀을 순종하지 않는 자들과는 전혀 달랐습니다. 그는 "말 따로 행동 따로"가 아니었습니다. 다른 이들을 변화시키는 능력은 말씀을 믿음으로 순종하는 자에게서 나타납니다. 바울이 순종의 본을 보임으로 많은 영혼들이 그 믿음의 길을 따라갈 수 있었습니다.

저는 "너희는 먼저 그의 나라와 그 의를 구하라 그리하면 이 모든 것을 너희에게 더하시리라"(마 6:33)는 말씀을 믿습니다. 온전한 믿음에는 순종이 따르게 됩니다. 저는 이 말씀을 믿기 때문에 먼저 그 나라와 그의 의를 구하는 삶을 우선합니다.

진정으로 거듭난 자는 아비의 심령으로 영혼들을 대하고 진리의 사랑으로 영혼들을 낳아서 그들을 위해서 아비의 심령으로 자기를 드립니다. "그리스도 안에 일만 스승이 있으되 아비가 없었다"라는 사실은 고린도교회가 오늘날의 기독교에 주는 반면교사(反面教師)의 교훈입니다.

하나님의 일은 말로만 빤드레하게 하는 것이 아니라 하나님의 말씀을 믿음으로 실제로 믿음의 본을 보여야 이루어집니다. 그러한 믿음의 모범이 능력이 되어서 영혼들을 하나님의 나라 안에서 장성한 자들로 자라날 수 있게 인도합니다. 여러분은 그렇게 영의 아비들이 되어서, 하나님의 기뻐하시는 일꾼들이 되시기를 바랍니다.

묵은 누룩과 악독한 누룩을 제거하라

"너희 중에 심지어 음행이 있다 함을 들으니 이런 음행은 이방인 중에라도 없는 것이라 누가 그 아비의 아내를 취하였다 하는도다

그리하고도 너희가 오히려 교만하여져서 어찌하여 통한히 여기지 아니하고 그 일 행한 자를 너희 중에서 물리치지 아니하였느냐

내가 실로 몸으로는 떠나 있으나 영으로는 함께 있어서 거기 있는 것 같이 이 일 행한 자를 이미 판단하였노라

주 예수의 이름으로 너희가 내 영과 함께 모여서 우리 주 예수의 능력으로

이런 자를 사단에게 내어주었으니 이는 육신은 멸하고 영은 주 예수의 날에 구원 얻게 하려 함이라

너희의 자랑하는 것이 옳지 아니하도다 적은 누룩이 온 덩어리에 퍼지는 것을 알지 못하느냐

너희는 누룩 없는 자인데 새 덩어리가 되기 위하여 묵은 누룩을 내어버리라 우리의 유월절 양 곧 그리스도께서 희생이 되셨느니라

이러므로 우리가 명절을 지키되 묵은 누룩도 말고 괴악하고 악독한 누룩도 말고 오직 순전함과 진실함의 누룩 없는 떡으로 하자"(고전 5:1-8).

사도 바울은 고린도인들에게 진리의 복음을 전해 주었습니다.

그가 전한 복음은 "**우리의 유월절 양**" 되신 그리스도께서 당신의 몸으로 "**한 영원한 제사**"(히 10:12)를 드려서 인류의 죄와 허물을 영원토록 없애 주셨다는 기쁜 소식이었습니다.

그런데 진리의 복음을 듣고 죄 사함을 받은 고린도의 교인들 중에는, "그러면 이제 죄를 지어도 그 죄 때문에 지옥에 가는 것은 아니네?"라는 생각으로 죄를 가볍게 여기는 자들이 있었습니다. 심지어는 자기 아버지의 첩과 통간(通姦)하는 자까지 있었습니다. 고린도교회가 그런 자들을 징계하지 않고 그대로 용납하고 있었다는 사실이 더 큰 문제였습니다.

이렇게 죄악의 누룩이 고린도교회에 퍼져 있었습니다. 그래서 사도 바울은 그들의 악행을 책망하고 묵은 누룩과 괴악하고 악독한 누룩을 제하라고 권고했습니다. "**이러므로 우리가 명절을 지키되 묵은 누룩도 말고 괴악하고 악독한 누룩도 말고 오직 순전함과 진실함의 누룩 없는 떡으로 하자**"(고전 5:8).

이스라엘 백성들은 이스라엘 달력으로 아빕월(정월) 제10일에 어린양을 잡아서 유월절을 지냈습니다. 또 유월절 후 칠일 동안에는 누룩 없는 떡만 먹는 무교절(無酵節)을 지냈습니다. 죄의 종살이에서 벗어난 자들은 이제부터 누룩 없는 떡과 같이 순수한 하나님의 말씀만을 믿고 따라야 한다는 뜻으로 하나님께서 세워 주신 절기가 무교절입니다.

거듭난 의인들의 모임인 하나님의 교회에도 묵은 누룩과 괴악하고 악독한 누룩이라는 두 가지 누룩이 들어올 위험이 항상 도사리고 있습니다. "**묵은 누룩**"이란 육신의 생각으로 지어낸 거짓된 교훈을 의미하고, "**괴악하고 악독한 누룩**"은 육신의 욕망을 좇는 악한 행실을 의미합니다.

세속화와 제도화의 두 경향

거듭난 자들과 거듭나지 못한 기독죄인들이 섞여 있었던 고린도교회에 **묵은 누룩과 악독하고 괴악한 누룩**이 은연중에 들어와서 온 교회를 타락시켰습니다. 거듭난 의인들이 전혀 없는 기독죄인(基督罪人)들의 모임에는 **묵은 누룩과 악독하고 괴악한 누룩**이 퍼져서 세속화와 제도화라는 영적 몰락의 길로 치닫게 되는 것이 당연합니다.

사도들이 이 세상을 떠나간 후에, 사단 마귀는 하나님의 교회 안에 본격적으로 간교한 작업을 해서 교회를 변질시켰습니다. 제일 먼저 기독교에 들어온 것은 경건주의(敬虔主義)라는 이름의 묵은 누룩이었습니다. 예컨대 주상고행자(柱上苦行者) 시몬(Simon the Stylite)은 대표적인 경건주의자입니다. 그는 37년간이나 기둥 꼭대기에서 금욕적인 생활을 했습니다. 그를 본받아 많은 이들이 주상고행자의 노선을 따랐고, 그러한 경향은 수도원 운동으로 이어졌습니다.

거듭나지 못한 사람들은 남에게 보이려고 신앙생활을 합니다. 그들은 바리새인들처럼 **"경건의 능력"**이 얼마나 큰지를 모르기에, 그저 **"경건의 모양"**(딤후 3:5)만 내려고 합니다. 그런 자들은 문자적으로 율법을 잘 지키는 척을 합니다. 율법주의자들은 더 경건한 외모를 지향하다가 그것을 제도화해서 신봉합니다.

제도화(制度化)라는 각질을 가장 두껍게 쓰고 있는 종교 중의 하나가 가톨릭입니다. 그들은 모든 예배 순서나 내용이 제도로 정형화되어 있고, 신앙생활이나 사목의 모든 과정도 제도화되어 있습니다.

그런데 개신교에도 그들을 본받아 제도화의 여러 현상들이 나타나고 있습니다. 적지 않은 목사님들이 로만 칼라 풍의 셔츠를 입고 영대(領帶, 그리스어: στολή, 라틴어: Stola)라는 띠를 늘어뜨리고 설교를 합니다. 이와 같이 제도화의 경향은 모든 종교에서 공통적으로 나타나는 폐단입니다.

교회에 퍼지기 쉬운 다른 하나의 누룩은 **"악독하고 괴악한 누룩"**입니다. 이것은 하나님의 교회 안에 죄를 용납하는 것이며, 교인들이 세상의 풍조를 따라가는 것입니다. 세속주의자들인 사두개인의 누룩이 바로 **"악독하고 괴악한 누룩"**입니다. 이러한 누룩으로 인해서 돈, 명예, 권력, 쾌락과 같은 세속적 가치가 교회 안에 들어와서 지배적 가치로 자리를 잡게 됩니다.

4세기 초의 밀라노 칙령이 박해받던 기독교의 승리인 줄 아십니까? 밀라노 칙령 이후에 교회 지도자들은 부와 명예와 권력을 얻었습니다. 그 대신 교회의 제도화와 세속화가 급속히 진행되었습니다.

고린도교회가 음행의 죄를 가볍게 여겼다는 것은, 교회 안에 하나님 말씀이 아닌 세상의 풍조와 가치를 그대로 좇는 자들이 많았다는 뜻입니다. 그들 중에는 자기의 욕망을 채우고자 신앙생활을 하는 자들이 많았습니다.

오늘의 기독교 안에도 교회를 통해서 자기의 욕망을 채우고, 서로를 이용해 먹기 위해서 신앙생활하는 사람들이 많습니다. 장사하는 사람들은 보통 작은 교회에 출석하지 않습니다. 교인이 많은 교회를 찾아가서 등록을 하면 장사가 더 잘 되기 때문입니다.

정치인들도 마찬가지입니다. 한때 대통령 당선이 유력시되는 사람이 장로로 있던 교회에 수많은 정치인들이 떼거리로 몰려가서 교인으로 등록했습니다. 그렇게 눈도장을 찍은 이들 중에서 여러 명이 장관과 고위직에 임명되었습니다. 그런 교회는 하나님의 교회가 아닙니다. 괴악하고 악독한 누룩이 가득한 "**사단의 회(會)**"(계 2:9, 3:9)입니다. 그들은 세상의 풍조를 좇는 종교 집단에 불과합니다.

바리새인의 누룩과 사두개인의 누룩

예수님께서는 "**삼가 바리새인과 사두개인들의 누룩을 주의하라**"(마 16:6)고 경고하셨습니다. 바리새인의 누룩이 "**묵은 누룩**"이며, 사두개인의 누룩은 "**괴악하고 악독한 누룩**"입니다.

바리새인들은 옛 언약을 문자적으로 준행해서 경건의 모양을 내는 일에 몰두하다가 하나님의 뜻을 저버렸습니다. 그들은 월삭과 안식일과 절기들을 철저히 지키며, 조상들의 유전(遺傳)이라는 명분으로 제도화한 규례들을 하나님의 말씀보다 더 충성스럽게 지켰습니다.

한편 사두개인들은 부활이 없다고 주장하는 이들이었습니다. 부활이 없다는 말은 내세를 믿지 않는다는 뜻입니다. 그들은 현실의 쾌락을 좇는 자들이었습니다. 사두개인들은 세속적 가치를 추구하는 자들입니다. 사두개인의 누룩이 들어오면 교회는 돈, 명예, 권력 같은 세속적 가치를 추구하게 됩니다.

우리는 바리새인의 누룩과 사두개인의 누룩을 경계해야 됩니다. 교회가 성령님의 다스림과 인도를 받지 않는다면, 반드시 제도화(制度化)와 세속화(世俗化)라는 사망의 길로 나아가게 되어 있습니다.

하나님의 교회는 그런 것들을 용납해서는 안됩니다. 하나님의 교회는 순전하고 누룩 없는 떡과 같은 하나님 말씀만을 믿고 따라가야 합니다. 궁창 위의 물처럼 어떠한 불순물도 섞이지 않은 순수한 말씀을 믿음으로 따라가는 자들이 하나님의 교회의 성도들입니다.

우리는 사람에게 잘 보이려고 신앙생활을 하지 않습니다. **"주께 기쁘시게 할 것이 무엇인가 시험하여 보라"**(엡 5:10)는 말씀대로, 우리는 주님께서 기뻐하시는 믿음의 길을 가는 자들입니다.

우리는 마음에서 묵은 누룩과 괴악하고 악독한 누룩들을 제하고, 누룩 없는 떡과 같은 순수한 말씀을 믿음으로 좇는 자들이 되기를 바랍니다.

성도의 준칙(準則)

"모든 것이 가하나 모든 것이 유익한 것이 아니요 모든 것이 가하나 모든 것이 덕을 세우는 것이 아니니
누구든지 자기의 유익을 구치 말고 남의 유익을 구하라
무릇 시장에서 파는 것은 양심을 위하여 묻지 말고 먹으라
이는 땅과 거기 충만한 것이 주의 것임이니라
불신자 중 누가 너희를 청하매 너희가 가고자 하거든 너희 앞에 무엇이든지 차려 놓은 것은 양심을 위하여 묻지 말고 먹으라
누가 너희에게 이것이 제물이라 말하거든 알게 한 자와 및 양심을 위하여 먹지 말라
내가 말한 양심은 너희의 것이 아니요 남의 것이니 어찌하여 내 자유가 남의 양심으로 말미암아 판단을 받으리요
만일 내가 감사함으로 참예하면 어찌하여 내가 감사하다 하는 것에 대하여 비방을 받으리요
그런즉 너희가 먹든지 마시든지 무엇을 하든지 다 하나님의 영광을 위하여 하라
유대인에게나 헬라인에게나 하나님의 교회에나 거치는 자가 되지 말고
나와 같이 모든 일에 모든 사람을 기쁘게 하여 나의 유익을 구치 아니하고 많은 사람의 유익을 구하여 저희로 구원을 얻게 하라"(고전 10:23-33).

오늘의 본문은 성도들이 마땅히 지켜야 될 삶의 준칙(準則)에 관하여, "그런즉 너희가 먹든지 마시든지 무엇을 하든지 다 하나님

의 영광을 위하여 하라"(고전 10:31)고 말씀합니다.

우리는 주님의 은혜로 값없이 죄 사함을 받았습니다. 거듭난 우리는 모든 죄로부터 영원히 해방되었습니다. 이제 우리에게는 하나님의 심판이 없습니다. 하나님께서 우리들에게 큰 은혜를 베푸셔서 모든 얽매였던 것에서 우리를 풀어 주셨습니다.

나의 자유로운 행동이 내게 유익하겠나?

자유는 자칫하면 방종(放縱)으로 흐를 수 있습니다. 자기의 잘못을 인식하지 못하고 제멋대로 행동하는 것이 방종입니다. 고린도 교회의 교인들은 하나님께서 주신 자유와 하늘에 속한 모든 은혜들을 입고서 방종으로 흘렀습니다. 진리의 복음을 믿어서 죄 사함을 받은 고린도의 교인들 중에는 죄에서 자유롭게 된 후에 죄를 죄로 여기지 않고 타락한 행동을 하는 자들이 있었습니다.

그들은 교인들끼리 서로 소송을 걸기도 하고, 심지어는 어떤 자는 자기 아비의 아내와 잠자리를 했습니다. 어떤 자들은 모여서 예배를 드리는 중에 성찬에 쓸 포도주를 먼저 거나하게 마시고 곯아떨어져서 잤습니다. 값없이 죄 사함을 받고 하나님의 자녀가 되었다면, 그들은 방종하게 살지 말았어야 했습니다.

"모든 것이 내게 가하나 다 유익한 것이 아니요 모든 것이 내게 가하나 내가 아무에게든지 제재를 받지 아니하리라"(고전 6:12).

주님께서는 우리가 앞으로 지을 죄까지도 깨끗이 없애 놓으셨습니다. 그래서 우리는 죄에서 완전하게 해방되었습니다. 주님은 우리를 죄와 상관이 없는 자들로 만들어 주셨습니다. 이제 우리는 무엇이나 다 행할 수 있습니다.

그렇지만 우리는 어떤 일을 행하기 전에 "그것이 나에게 영육간에 유익한가?"를 먼저 꼼꼼히 따져봐야 합니다. 그래서 내게 유익하지 않은 일은 절제(切除)를 해야 합니다. 우리는 음식도 절제해야 합니다. 음식을 절제하지 않으면 비만과 질병들을 얻습니다. 그래서 복음을 전파하는데 힘 있게 자기를 드릴 수 없습니다. 이제 우리의 몸도 그리스도의 것입니다.

어떤 형제는 담배를 많이 피웁니다. 그것은 결코 영육간에 유익하지 않습니다. 흡연은 우선 자기의 폐를 망가뜨립니다. 자기뿐 아니라 자기의 가족들도 간접 흡연의 피해를 봅니다. 담배 냄새에 절어 있는 형제가 교회에 앉아 있으면, 새로운 영혼이 와서 담배 냄새를 맡고 시험에 들어서 교회에 발길을 끊을 수도 있습니다.

나의 자유로운 행동이 다른 이에게 유익하겠나?

"그런즉 너희 자유함이 약한 자들에게 거치는 것이 되지 않도록 조심하라"(고전 8:9).

둘째로, 거듭난 의인들은 자기의 자유로운 행동이 연약한 형제에게 시험이 되지 않게 해야 합니다. 이 교훈에 대해서 사도 바울은 우상에게 바쳤던 음식을 먹는 경우를 예로 들어서 설명합니다.

"우상의 제물에 대하여는 우리가 다 지식이 있는 줄을 아나 지식은 교만하게 하며 사랑은 덕을 세우나니"(고전 8:1).

우상에게 바쳤던 음식이라도 믿음으로 먹으면 아무 문제가 없습니다. 얼마 전에 저희 옆집에서 개업 푸닥거리를 하고 돼지머리 고기와 떡 등의 음식을 가져왔습니다. 저는 아무 거리낌 없이 잘 먹었습니다.

그런데 "그것은 귀신에게 드렸던 제사 음식이므로 먹어서는 안 된다"라는 고정관념을 가지고 있는 형제가 저와 함께 있었다면, 그런 형제가 보는 앞에서는 제사 음식을 먹는 것은 옳지 않습니다. "나는 올바른 지식이 있다"라고 해서 형제의 생각을 무시하고 행동하면, 나의 지식이나 믿음으로 형제를 시험에 빠뜨려서 그가 교회를 떠나게 할 수도 있습니다.

자기의 자유로운 언행이 다른 영혼들로 하여금 시험 들게 하는 일이 참 많습니다. 그러나 "**그런즉 너희 자유함이 약한 자들에게 거치는 것이 되지 않도록 조심하라**"(고전 8:9)고 주님은 말씀하십니다. 그래서 우리는 어떤 말이나 행동을 하기 전에, "이것이 상대방에게 유익이 되겠나?"를 진중하게 헤아려 봐야 합니다. 그러면 말하고 행동한 일에 대해 후회하지 않게 됩니다.

무엇을 하든지 하나님의 영광을 위하여 하라

"**그런즉 너희가 먹든지 마시든지 무엇을 하든지 다 하나님의 영광을 위하여 하라**"(고전 10:31).

거듭난 우리 의인들이 말이나 행동을 하는데 있어서 지켜야 할 준칙(準則)은 이것입니다: "나의 말이나 행동이 하나님께 영광이 되겠는가?"

"**하나님의 영광을 위하여 하라**" 하셨는데, 하나님은 영혼들이 죄 사함을 받을 때 가장 큰 영광을 받으십니다. 또 죄 사함을 받은 영혼들이 교회 안에서 하나님의 군사로 잘 자라날 때에, 하나님은 기뻐하시고 영광을 받으십니다. 이것을 삶의 준칙으로 삼고 어떤 것은 절제하고 어떤 일은 힘써 행하는 자가 믿음의 사람입니다. 우리는 그런 믿음의 사람들을 본받아야 합니다.

사도 바울은 우리 모두가 존경할 만한 믿음의 종입니다. 그는 먹든지 마시든지 무엇을 하든지 하나님의 영광을 위해서 행했습니다. 사도 바울은 고린도 교인들에게 "내가 그리스도를 본받는 자 된 것 같이 너희는 나를 본받는 자 되라"(고전 11:1)고 말씀하셨는데, 바울은 거듭난 후에 오직 하나님의 영광을 위해서 살았기 때문에 그렇게 담대하게 말할 수 있었습니다. 바울은 성경을 통해서 지금도 우리에게 동일하게 권면하고 있습니다: "자기를 내어 주어서 많은 사람들에게 생명을 주셨던 주님을 본받아서 나도 한 영혼이라도 더 구원을 받게 하기 위해서 나 자신을 아낌없이 내어 주었다. 그러니 너희도 나를 본받아라."

"내가 모든 사람에게 자유하였으나 스스로 모든 사람에게 종이 된 것은 더 많은 사람을 얻고자 함이라 유대인들에게는 내가 유대인과 같이 된 것은 유대인들을 얻고자 함이요 율법 아래 있는 자들에게는 내가 율법 아래 있지 아니하나 율법 아래 있는 자 같이 된 것은 율법 아래 있는 자들을 얻고자 함이요 율법 없는 자에게는 내가 하나님께는 율법 없는 자가 아니요 도리어 그리스도의 율법 아래 있는 자나 율법 없는 자와 같이 된 것은 율법 없는 자들을 얻고자 함이라 약한 자들에게는 내가 약한 자와 같이 된 것은 약한 자들을 얻고자 함이요 여러 사람에게 내가 여러 모양이 된 것은 아무쪼록 몇몇 사람들을 구원코자 함이니 내가 복음을 위하여 모든 것을 행함은 복음에 참예하고자 함이라"(고전 9:19-23).

사도 바울은 한 영혼이라도 더 구원을 받게 하려고 자기의 유익을 구하지 않고 여러 사람에게 여러 모양이 되었습니다. 이방인들에게는 자기도 이방인같이 되어서 그들을 복음으로 구원하려 했고, 연약한 자들에게는 자기도 약한 자가 되어 그들과 교제했습니다. 그가 모든 사람들에게 모든 모양이 되었던 것은, 아무쪼록 한 사람이라도 더 구원해서 하나님께 영광을 돌리기를 간절히 원했기 때문입니다.

사도 바울은 **"타작마당에서 일하는 소에게 망을 씌우지 말라"** 라는 구약의 말씀을 인용하면서, 자기도 말씀의 사역자로서 마땅히 먹을 권세가 있다고 밝혔습니다. 그러나 바울은 그런 권세를 쓰지 않고 자비량(自費糧)하며 복음을 전파했습니다. 그는 천막을 짜는 기술자로서, 밤새 천막을 만들어 번 돈으로 자기와 동료들의 생활비를 충당했습니다. 바울은 그렇게 자비량 사역을 하던 중에, 같은 직업을 가졌고 후에 귀한 동역자가 된 브리스길라와 아굴라를 만났습니다(행 18:2-3).

우리는 먹든지 마시든지 무슨 일을 하든지, 하나님의 영광을 위해서 해야 합니다. 그러나 고린도의 교인들은 그렇지 못했습니다. 그들 중에는 자기의 욕망을 따라 방종하게 행했던 이들이 많았습니다. 죄 사함을 받지 못한 오늘날의 기독죄인(基督罪人)들도 세상 풍조를 그대로 좇아가고 있습니다. 그래서 기독교인들이 믿지 않는 이들에게 "개독교인"이라고 불리며 지탄을 받고 있습니다.

우리는 고린도교인들의 악한 모습을 반면교사(反面敎師)로 삼아야 합니다. 저들은 자기의 욕망을 좇아서 방종에 흘렀습니다. 그러나 "물과 피의 복음"을 믿어서 거듭난 우리는 먹든지 마시든지 무엇을 하든지 하나님의 영광을 위해서 행하는 자들입니다.

우리 가운데서 영혼들이 죄 사함을 받게 해서 하나님께 영광을 돌리는 선한 일을 위해서 자기를 드리는 믿음의 일꾼들이 많이 일어나기를 바랍니다.

성찬의 의미와 믿음을 회복하라

"첫째는 너희가 교회에 모일 때에 너희 중에 분쟁이 있다 함을 듣고 대강 믿노니

너희 중에 편당이 있어야 너희 중에 옳다 인정함을 받은 자들이 나타나게 되리라

그런즉 너희가 함께 모여서 주의 만찬을 먹을 수 없으니

이는 먹을 때에 각각 자기의 만찬을 먼저 갖다 먹으므로 어떤 이는 시장하고 어떤 이는 취함이라

너희가 먹고 마실 집이 없느냐 너희가 하나님의 교회를 업신여기고 빈궁한 자들을 부끄럽게 하느냐 내가 너희에게 무슨 말을 하랴 너희를 칭찬하랴 이것으로 칭찬하지 않노라

내가 너희에게 전한 것은 주께 받은 것이니 곧 주 예수께서 잡히시던 밤에 떡을 가지사

축사하시고 떼어 가라사대 이것은 너희를 위하는 내 몸이니 이것을 행하여 나를 기념하라 하시고

식후에 또한 이와 같이 잔을 가지시고 가라사대 이 잔은 내 피로 세운 새 언약이니 이것을 행하여 마실 때마다 나를 기념하라 하셨으니

너희가 이 떡을 먹으며 이 잔을 마실 때마다 주의 죽으심을 오실 때까지 전하는 것이니라

그러므로 누구든지 주의 떡이나 잔을 합당치 않게 먹고 마시는 자는 주의 몸과 피를 범하는 죄가 있느니라

사람이 자기를 살피고 그 후에야 이 떡을 먹고 이 잔을 마실찌니

주의 몸을 분변치 못하고 먹고 마시는 자는 자기의 죄를 먹고 마시는 것이니라

이러므로 너희 중에 약한 자와 병든 자가 많고 잠자는 자도 적지 아니하니

우리가 우리를 살폈으면 판단을 받지 아니하려니와

우리가 판단을 받는 것은 주께 징계를 받는 것이니 이는 우리로 세상과 함께 죄 정함을 받지 않게 하려 하심이라

그런즉 내 형제들아 먹으러 모일 때에 서로 기다리라

만일 누구든지 시장하거든 집에서 먹을찌니 이는 너희의 판단 받는 모임이 되지 않게 하려 함이라 그 남은 것은 내가 언제든지 갈 때에 귀정하리라"(고전 11:18-34).

초대교회는 예배로 모일 때마다 성찬의 예식을 행했습니다. 초대교회의 성도들은 예배로 모이면 먼저 하나님의 말씀으로 영의 양식을 먹고, 이어서 성찬의 예식을 행하며 다 함께 음식을 나누었습니다.

성찬의 예식은 주님께서 잡히시던 날 저녁에, 유월절 만찬의 자리에서 주님께서 친히 세우신 예식입니다. 주님은 먼저 떡을 들어서 하나님께 감사의 기도를 드리고 떼어서 제자들에게 주시면서, **"이것은 너희를 위하는 내 몸이니 이것을 행하여 나를 기념하라"** 라고 말씀하셨습니다.

또 주님은 포도주 잔을 들어서 하나님께 감사의 기도를 드리고, **"이 잔은 내 피로 세운 새 언약이니 이것을 행하여 마실 때마다 나를 기념하라"** 라고 말씀하셨습니다. 성찬의 예식은 원형복음의 진리가 함축되어 있는 매우 중요한 예식입니다.

성찬의 예식에 담긴 복음의 원형

주님께서는 기념하신 떡을 가리키시며, **"이것은 너희를 위하는 내 몸"**이라고 말씀하셨습니다. 성찬의 떡은 예수님께서 육체를 입고 오셔서 받으신 세례를 계시합니다. 전능하신 하나님께서 왜 육체를 입고 이 땅에 임하셨습니까? 영(靈)이신 성자(聖子) 하나님께서 전 인류의 죄를 대속할 흠 없는 제물이 되시려고, 처녀 마리아의 몸에서 육신을 입고 오셨습니다. 주님은 당신의 몸에 안수의 형식으로 세례를 받으셔서 세상의 모든 죄를 담당하셨습니다.

구약의 속죄 제사는 반드시 1) 흠 없는 제물이 있어야 했고, 2) 그 제물의 머리에 안수를 해서 죄를 넘겨야 했고, 3) 그 희생의 제물이 대속의 피를 흘리고 죽어야 했습니다.

이 뜻을 좇아 예수 그리스도께서는 자신의 흠 없는 몸을 제물로 삼아 **"한 영원한 제사"**(히 10:12)를 드렸습니다. 하나님께서 받으시는 속죄 제사에는 반드시 **"안수"**(죄를 넘김)와 **"피 흘림"**(죗값을 지불함)이 있어야 했기에, 예수님은 공생애를 시작하시면서 인류의 대표자인 세례 요한에게 안수의 형식으로 세례를 받으셨습니다.

예수님은 **"그 세례"**(행 10:37)로 인류의 모든 죄를 단번에 짊어지셨기에, 세례 받으신 이튿날에 세례 요한에게서, **"보라 세상 죄를 지고 가는 하나님의 어린 양이로다"**(요 1:29) 하는 증거를 받으셨습니다.

우리를 죄에서 구원하러 오신 예수님께서 세례 요한에게 받으신 세례로 당신의 몸(육체)에 세상 죄를 다 넘겨받았습니다. 그리고 예수님은 그 모든 죗값을 지불하기 위해서 대속의 피를 흘리셔야 했습니다.

예수님은 유대교의 지도자들에게 고초를 당하시고 로마 총독에게 넘겨져서 십자가 형을 선고받으셨습니다. 주님은 십자가에 못 박혀서 여섯 시간 동안 절규하시며 피를 흘려서, 세례로 담당하신 인류의 모든 죄에 대한 심판의 값을 지불하셨습니다. 그리고 마지막에, **"다 이루었다"**(요 19:30)라고 크게 외치시고 돌아가셨습니다.

이와 같이 예수님은 흠 없는 하나님의 어린양으로 이 땅에 오셔서, 받으신 세례와 흘리신 십자가의 피로 우리를 모든 죄에서 완벽하고 영원하게 구원하셨습니다. 따라서 우리가 예수님을 믿어서 죄 사함을 받고 영생을 얻으려면 원형의 복음 안에 담긴 세 가지 진리를 믿어야 합니다.

원형의 복음을 구성하고 있는 세 가지 진리는 다음과 같습니다.

1. 예수님은 육신을 입고 오신 성자(聖子) 하나님이시다. 따라서 예수님은 인류의 죄를 대속하실 흠 없는 제물(어린양)이시다. (성령님의 증거).

2. 예수님께서는 30세가 되셨을 때에 요단강 물로 오셔서 인류의 대표자인 세례 요한에게 안수의 형식으로 세례를 받으셨습니다. **"우리가 이와 같이 하여 모든 의를 이루는 것이 합당하니라"**(마 3:15)고 요한에게 선포하신 **"그 세례"**(행 10:37)로 예수님은 세상의 모든 죄를 단번에 담당하셨습니다. (물의 증거).

3. **"피 흘림이 없은 즉 사함이 없느니라"**(히 9:22)는 말씀대로, 받으신 세례로 아담에서부터 인류 종말까지의 세상 죄를 온전히 짊어지신 예수님은 십자가에 못 박혀서 **"다 이루었다"**라고 외치시고 돌아가셨습니다. 십자가에서 흘리신 예수님의 보혈이 우리의 모든 죄의 대가를 지불해서 세상의 죄를 깨끗이 없애 주셨습니

다. (피의 증거).

성령님의 증거, 물의 증거, 피의 증거—이 세 가지 증거를 다 가지고 있는 복음이 원형(原形)의 복음입니다. 그래서 사도 요한은 예수님을 가리켜, **"물과 피로 임하신 분"**이라고 선포하면서, 복음의 원형이 무엇인지를 밝히 소개했습니다.

"대저 하나님께로서 난 자마다 세상을 이기느니라 세상을 이긴 이김은 이것이니 우리의 믿음이니라 예수께서 하나님의 아들이심을 믿는 자가 아니면 세상을 이기는 자가 누구뇨

이는 물과 피로 임하신 자니 곧 예수 그리스도시라 물로만 아니요 물과 피로 임하셨고 증거하는 이는 성령이시니 성령은 진리니라 증거하는 이가 셋이니 성령과 물과 피라 또한 이 셋이 합하여 하나이니라"(요일 5:4-8).

예수님은 오병이어(五餅二魚)의 기적을 베풀어서 오천 명이 넘는 사람들을 배불리 먹이셨습니다. 그 후에 예수님을 찾아온 무리를 향해서, "내가 곧 생명의 떡이니 내게 오는 자는 결코 주리지 아니할 터이요 나를 믿는 자는 영원히 목마르지 아니하리라"(요 6:35)고 말씀하셨습니다. 그리고 주님은 또 "내가 진실로 진실로 너희에게 이르노니 인자의 살을 먹지 아니하고 인자의 피를 마시지 아니하면 너희 속에 생명이 없느니라 내 살을 먹고 내 피를 마시는 자는 영생을 가졌고 마지막 날에 내가 그를 다시 살리리니 내 살은 참된 양식이요 내 피는 참된 음료로다"(요 6:53-55)라고 말씀하셨습니다.

"먹으라" 또는 **"마시라"**라는 말씀은 **"믿으라"**라는 뜻입니다. 이 말씀에서, **"피"**는 의심할 여지없이 예수님께서 십자가에서 흘리신 대속의 보혈(寶血)을 지칭합니다. 그러면 **"살"**은 무엇을 의미합니

까? 예수님께서 말씀하신 살 또는 몸은 영이신 성자(聖子) 하나님께서 육체를 입고 오셔서 받으신 세례를 의미합니다.

예수님께서 육체를 입고 오셔서 세례를 받으심으로 **"세상 죄를 지고 가는 하나님의 어린양"**이 되셨습니다. 그리고 십자가로 가셔서 저와 여러분들이 죽어야 할 그 자리에 주님이 대신 못 박혀서, 당신의 거룩한 피로 우리의 죗값을 온전히 지불하셨습니다. 주님은 마지막에 **"다 이루었다"**(요 19:30)라고 크게 외치시고 돌아가셨습니다.

주님께서 **"다 이루었다"**라고 외치신 순간에, 지성소 앞에 드리워져 있었던 휘장이 위에서 아래까지 쫙 찢어져서 지성소로 들어가는 길이 활짝 열렸습니다. 예수님은 받으신 세례로 당신의 육체 위에 인류의 죄를 다 짊어지고 십자가로 가셔서 당신의 육체를 찢음으로, 믿는 우리에게 하나님의 보좌 앞에 나아갈 길을 활짝 열어 주셨습니다.

그래서 히브리서의 기자는, **"그 길은 우리를 위하여 휘장 가운데로 열어 놓으신 새롭고 산 길이요 휘장은 곧 저의 육체니라"**(히 10:20)고 선포했습니다.

우리는 **예수님의 세례와 십자가의 피**를 둘 다 믿어야만 죄 사함을 받고 영생을 얻습니다. 그래서 주님께서는 당신이 다시 오실 때까지 떡과 포도주로 성찬의 예식을 행함으로 주님의 구원을 기억하라고 성찬의 예식을 세워 주셨습니다. 성찬 예식은 거룩하고 영적인 예식입니다. 초대교회의 성도들은 이 예식을 통해서 복음의 진리를 늘 기억하고 감사를 드렸습니다.

성찬의 예식을 오염시킨 고린도 교인들

그런데 고린도의 교인들은 성찬의 예식 안에 담긴 구원의 은혜를 망각했습니다. 그들은 성찬의 의미와 중요성을 가벼이 여겼습니다. 그들은 성찬의 예식을 믿음으로 행하고 난 후에 가난한 형제들과 함께 음식을 나누어야 마땅했는데, 어떤 자들은 자기들이 가져온 포도주와 빵을 먼저 먹고 취해서 한쪽에서 잠을 자기도 했습니다. 그래서 사도 바울은 그들을 책망했습니다.

성찬의 예식 안에는 원형의 복음이 고스란히 담겨 있습니다. 십자가의 피만으로 된 복음을 믿는 기독교인들은 회개해야 합니다. 주님은 물과 피의 복음이 진리의 복음이라고 말씀하십니다. 십자가의 피만으로 된 반쪽짜리의 복음은 사이비(似而非) 복음이고 아무 능력이 없는 **"다른 복음"**입니다. **"다른 복음"**을 믿기 때문에 대부분의 기독교인들이 예수님을 믿고도 기독죄인(基督罪人)으로 남아 있는 것입니다.

"사람이 자기를 살피고 그 후에야 이 떡을 먹고 이 잔을 마실찌니"(고전 11:28).

"자기를 살피고"라는 말씀은 성찬의 예식에 참여할 때마다 자기가 얼마나 부족하고 악한 자인지를 기억하라는 뜻입니다. 죄 사함을 받고 교회 안에서 신앙생활을 막 시작한 사람들 중에는 자기가 꽤 잘난 줄로 착각하는 이들이 종종 있습니다. 그런데 그런 이들도 하나님의 말씀을 듣고 조금 자라나면 자기가 얼마나 부족하고 형편없는 자인지를 깨닫게 됩니다.

어떤 사람이 죄 사함 받고 거듭나서 하나님의 자녀가 됩니까? 자기가 얼마나 더럽고 무익한 자인지를 인정하는 자라야 죄 사함을 받습니다. 자기 의의 부자들은 죄 사함을 받지 못합니다. 바리새인이나 서기관들 중에서는 예수님께 나와서 죄 사함을 받고 거듭난 자가 희귀합니다. 불구자나 병자들, 창녀나 세리같이 자기가 쓰레기보다도 못한 자라고 인정하는 사람들이 죄 사함을 받고 하나님의 자녀가 됩니다.

사도들과 초대교회의 성도들은 주님께서 받으신 세례와 십자가로 우리를 온전히 구원하셨다는 원형의 복음을 믿었습니다. 그들은 성찬의 예식을 행하며 주님의 살과 피를 기억하고 기념했습니다. 우리들도 사도들의 믿음을 따라서 주님의 살을 먹고 주님의 피를 마시는 하나님의 백성이 되었습니다.

기독죄인들은 주님의 피만 마시겠다는 고집을 버리고, 주님의 살과 피를 모두 먹고 마셔야 합니다. 죄의 삯은 사망입니다. 기독죄인들은 제발 고린도 교인들을 반면교사(反面敎師)로 삼고, 돌이켜서 진리의 복음을 좇기를 바랍니다.

더욱 큰 은사를 사모하라

"이뿐 아니라 몸의 더 약하게 보이는 지체가 도리어 요긴하고

우리가 몸의 덜 귀히 여기는 그것들을 더욱 귀한 것들로 입혀 주며 우리의 아름답지 못한 지체는 더욱 아름다운 것을 얻고

우리의 아름다운 지체는 요구할 것이 없으니 오직 하나님이 몸을 고르게 하여 부족한 지체에게 존귀를 더하사

몸 가운데서 분쟁이 없고 오직 여러 지체가 서로 같이하여 돌아보게 하셨으니

만일 한 지체가 고통을 받으면 모든 지체도 함께 고통을 받고 한 지체가 영광을 얻으면 모든 지체도 함께 즐거워하나니

너희는 그리스도의 몸이요 지체의 각 부분이라

하나님이 교회 중에 몇을 세우셨으니 첫째는 사도요 둘째는 선지자요 세째는 교사요 그 다음은 능력이요 그 다음은 병 고치는 은사와 서로 돕는 것과 다스리는 것과 각종 방언을 하는 것이라

다 사도겠느냐 다 선지자겠느냐 다 교사겠느냐 다 능력을 행하는 자겠느냐

다 병 고치는 은사를 가진 자겠느냐 다 방언을 말하는 자겠느냐 다 통역하는 자겠느냐

너희는 더욱 큰 은사를 사모하라 내가 또한 제일 좋은 길을 너희에게 보이리라"(고전 12:22-31).

고린도교회는 은사(恩賜) 문제로 인해서 매우 시끄러웠습니다. 은사(선물, gift)란 하나님께서 거듭난 성도들에게 복음 전파를 위해서, 또는 교회와 성도들을 섬기라고 주신 영적 선물입니다. 그런데

고린도의 교인들은 하나님께서 주신 은사를 자기를 세우며 자랑하는 데에 썼기 때문에 교회가 매우 시끄럽고 혼란스러웠습니다.

고린도교회는 예배를 드릴 때에도 교인들이 앞을 다투어 방언을 하곤 했습니다. 또 다른 편에서는 서로 먼저 예언을 하겠다고 소리를 높이곤 했으니, 예배가 난장판이 되기가 일쑤였습니다. 이런 모습은 오늘날의 기독교에서도 나타나는 문제입니다. 즉, 오늘날의 기독교회 중에는 은사에 대한 잘못된 지식과 방임으로 무속적(巫俗的) 현상을 보이는 곳들이 적지 않습니다.

방언이란 무엇인가?

방언(方言)이란 다른 지방의 언어(the other tongues)를 의미합니다. 방언의 은사가 처음 기록된 곳은 사도행전 2장입니다.

"오순절 날이 이미 이르매 저희가 다 같이 한곳에 모였더니 홀연히 하늘로부터 급하고 강한 바람 같은 소리가 있어 저희 앉은 온 집에 가득하며 불의 혀 같이 갈라지는 것이 저희에게 보여 각 사람 위에 임하여 있더니 저희가 다 성령의 충만함을 받고 성령이 말하게 하심을 따라 다른 방언으로 말하기를 시작하니라 그때에 경건한 유대인이 천하 각국으로부터 와서 예루살렘에 우거하더니 이 소리가 나매 큰 무리가 모여 각각 자기의 방언으로 제자들의 말하는 것을 듣고 소동하여 다 놀라 기이히 여겨 이르되 보라 이 말하는 사람이 다 갈릴리 사람이 아니냐 우리가 우리 각 사람의 난 곳 방언으로 듣게 되는 것이 어찜이뇨"(행 2:1-8).

부활하신 예수님은 사도들과 제자들에게, "예루살렘을 떠나지 말고 내게 들은바 아버지의 약속하신 것을 기다리라 요한은 물로 세례를 베풀었으나 너희는 몇 날이 못되어 성령으로 세례를 받으리라"(행 1:4-5)고 당부하시고 승천하셨습니다.

    제자들은 주님의 약속을 믿고 예루살렘의 한 처소에 모여서 한 열흘 동안 간절히 기도하던 중에 성령의 충만함을 받았습니다. 그들은 성령님의 감동하심을 따라 거리로 뛰쳐나가서, 초실절(初實節)을 지내러 각국에서 온 유대인들에게 각기 여러 나라의 언어로 복음을 외쳤습니다. 이방 땅에서 온 유대인들은 그들의 말을 듣고, **"우리가 다 우리의 각 방언으로 하나님의 큰 일을 말함을 듣는도다"**(행 2:11) 하며 놀랐습니다.

    "하나님의 큰 일"이란 하나님께서 우리의 모든 죄를 없애 주신 구원의 큰 역사입니다. 그것은 **"물과 피로 임하신"**(요일 5:6) 예수 그리스도의 한 영원한 제사를 통해서, 하나님께서 천하 만민을 구원하신 일입니다. 사도들과 제자들은 성령님의 충만을 받고 각 나라의 언어로 **"하나님의 큰 일 행하심"**을 선포했습니다.

    이처럼 성경에 기록된 첫 번째 방언(方言)은 분명 외국어(外國語)였습니다. 그것은 하나님께서 진리의 복음을 지중해 연안의 여러 나라에 속히 전파하시려고 주님의 사도들과 제자들에게 주셨던 특별하고도 놀라운 능력의 선물이었습니다. 그래서 오순절에 각국에서 예루살렘에 모였던 유대인들은 각기 자기가 거주하던 나라의 언어로 복음을 듣게 되었습니다.

    그런데 세월이 어느 정도 흐른 후에, 방언은 "서로 알아들을 수 없는 영적 언어"로 변질되었습니다. 고린도교회의 교인들은 공적인 예배에서 서로 알아들을 수 없는 방언을 하겠다고 나서면서 예배가 무질서하게 되었습니다. 그래서 사도 바울은 예배로 모일 때에는 방언이나 예언을 자제하도록 권고했습니다. **"그러나 교회에서 네가 남을 가르치기 위하여 깨달은 마음으로 다섯 마디 말을 하는 것이 일만 마디 방언으로 말하는 것보다 나으니라"(고전 14:19).

사도행전에는 사도들이 복음을 전한 후에, 복음을 믿는 자들의 머리에 안수하고 기도할 때 그들이 성령을 받고 방언을 했다는 기록이 있습니다. 그들은 성령님의 충만함을 받고 영(靈)으로 기도한 것입니다. 어쩌면 방언으로 기도하는 것이 더 자유로우며 막힘이 없을 수도 있습니다. 이성적으로 문장을 만들어서 기도하는 것보다 영으로 기도하면, 마음에 품은 감사나 간구들을 하나님께 거침없이 아뢸 수 있기 때문입니다. 그러나 사도 바울 자신은 방언으로, 즉 영으로 기도할 뿐 아니라, 마음의 열매를 맺을 수 있도록 알아들을 수 있는 말로도 기도한다고 토로했습니다.

"내가 만일 방언으로 기도하면 나의 영이 기도하거니와 나의 마음은 열매를 맺히지 못하리라 그러면 어떻게 할꼬 내가 영으로 기도하고 또 마음으로 기도하며 내가 영으로 찬미하고 또 마음으로 찬미하리라"(고전 14:14-15).

방언으로 한 예언과 예언의 통역

예언(豫言)은 장래의 일을 알게 해 주는 말씀입니다. 그러나 사도시대의 예언은 대언(代言)의 의미가 더 강했습니다. 그 당시는 아직 신약 성경의 말씀들이 기록되기 전이었기에, 하나님께서는 당신의 종들에게 성령의 감동을 주셔서 하나님의 뜻을 대언하게 하셨습니다.

예언(대언)은 흔히 방언의 형태로 주어졌습니다. 방언은 개인의 덕을 세우기 위한 것이었다면 예언은 교회의 덕을 세우기 위한 것이었습니다. 만일 교회에 어떤 예언을 해석할 자가 없다면 그 예언은 아무 소용이 없었습니다. 그래서 바울은 만일 예언을 해석할 사람이 없다면, 교회에서는 예언을 금하는 것이 좋겠다고 권고했습니다.

또한 사도 바울은 만일 교회 안에서 방언으로 대언(代言)을 하는 경우에도, 많아야 두세 사람이 하고 또 질서를 따라 하라고 권고했습니다. 고린도 교인들이 예배를 드리러 모였을 때에, 누가 방언으로 예언을 하겠다고 나서면, 다른 사람들도 앞을 다투어 방언으로 지껄여 대서 모임은 아수라장이 되곤 했습니다. 그래서 사도 바울은 "**그러므로 온 교회가 함께 모여 다 방언으로 말하면 무식한 자들이나 믿지 아니하는 자들이 들어와서 너희를 미쳤다 하지 아니하겠느냐**"(고전 14:23) 하고 그들을 책망했습니다.

오늘날에도 미친 짓을 하는 교회들이 적지 않습니다. 그들은 "성령폭발 대성회"라는 이름으로 부흥회를 열고 참가자들에게 방언 연습을 시킵니다. 인도하는 목사를 따라서 "랄랄랄라~~~울랄랄라"를 크게 외치게 하면, 교인들이 마치 집단 최면에 걸린 것처럼 여기저기서 몸을 진동하며 쓰러지기도 하는 광적인 현상이 일어납니다. 참 부끄럽고 낯이 뜨거운 모습입니다. "**하나님은 어지러움의 하나님이 아니시요 오직 화평의 하나님이시니라**"(고전 14:33)고 성경은 말씀합니다.

완전한 것이 오면 폐지되기로 한 방언과 예언

"사랑은 언제까지든지 떨어지지 아니하나 예언도 폐하고 방언도 그치고 지식도 폐하리라 우리가 부분적으로 알고 부분적으로 예언하니 온전한 것이 올 때에는 부분적으로 하던 것이 폐하리라"(고전 13:8-10).

이제는 **"온전한 것,"** 즉 기록된 하나님의 말씀이 완성되어 우리에게 주어졌습니다. 이제 방언과 예언은 폐지되어 더 이상 필요 없게 되었습니다. 그런데도 거짓 방언을 하는 자들이 많습니다. **"온전한 것,"** 즉 신구약의 성경 말씀이 완성된 오늘날에도 방언을 하는 자들은 하나님의 말씀을 거역하는 자들입니다.

어떤 사람이 성령님을 받습니까? 예수 그리스도의 이름 안에 계시된 **"물과 피의 복음"**으로 죄 사함을 받고 거듭난 의인들만 성령님을 선물로 받습니다(행 2:38).

마음에 죄가 있는 기독죄인들이 "랄랄랄라~~~울랄랄라" 하고 방언을 연습하다가 사단 마귀의 영을 받아서 혀가 꼬이면서 괴상한 소리를 내는 것은 결코 성령님의 역사가 아닙니다. **"완전한 것,"** 즉 기록된 하나님의 말씀이 완성되어 우리에게 주어진 후에는, 초대교회 시대에 한시적(限時的)으로 허락하셨던, 예언이나 방언의 은사들은 모두 폐지되었습니다.

기독교인들은 방언과 예언의 문제에 대한 하나님의 말씀을 분명히 깨닫고, 잘못된 지식을 버려야 합니다. 기독죄인들은 무엇보다 먼저 죄 사함을 받고 의인으로 거듭나야 합니다. 그래야만 성령을 선물로 받고 하나님의 자녀로 인치심을 받습니다.

"베드로가 가로되 너희가 회개하여 각각 예수 그리스도의 이름으로 세례를 받고 죄 사함을 얻으라 그리하면 성령을 선물로 받으리니"(행 2:38).

성령님을 선물로 받으려면, 먼저 예수 그리스도의 이름으로 세례를 받고 죄 사함을 받아야 합니다. 성경에서 **"이름"**은 본질(本質)

을 의미합니다. **"예수 그리스도의 이름"**이란 성자 하나님이 예수라는 이름으로 이 땅에 오셔서 행하신 구원의 사역을 의미합니다.

예수님은 **"물과 피로 임하신 분"**(요일 5:6)입니다. 성자 하나님께서 육신을 입고 이 땅에 오셔서, 인류의 대표자인 세례 요한에게 요단강 물에서 안수의 형식으로 세례를 받으셨습니다. 그 세례로 예수님은 **"세상 죄를 지고 가는 하나님의 어린양"**이 되셨습니다. 예수님은 십자가에 못 박혀서 피를 흘리시고 **"다 이루었다"**라고 외치신 후 돌아가시기까지 우리를 죄에서 온전히 구원하셨습니다.

우리는 성령의 증거, 물의 증거, 그리고 피의 증거를 다 믿음으로 죄 사함을 받고 의인으로 거듭나서 하나님의 자녀가 되었습니다. 주님께서 받으신 세례에서부터 십자가의 피와 부활하심까지의 구원의 사역이 **"예수 그리스도의 이름"**입니다. 그 이름을 믿음으로 죄 사함 받은 사람은 성령을 선물로 받고 하나님을 **"아바 아버지"**라고 부릅니다.

방언(方言)은 성령을 받았다는 증거가 될 수 없습니다. 성령을 받으면 귀신이 떠나가기 때문에, 악한 영이 들려서 하던 방언도 안 하게 됩니다. 우리는 방언이나 예언의 은사에 관한 잘못된 지식들을 버려야 합니다. 그래야만 고린도교회와 같은 혼돈과 무질서에서 벗어날 수 있습니다.

"너희는 더욱 큰 은사를 사모하라
내가 또한 제일 좋은 길을
너희에게 보이리라"
(고전 12:31).

사랑에 관한 헛다리짚기

"내가 사람의 방언과 천사의 말을 할찌라도 사랑이 없으면 소리 나는 구리와 울리는 꽹과리가 되고

내가 예언하는 능이 있어 모든 비밀과 모든 지식을 알고 또 산을 옮길 만한 모든 믿음이 있을찌라도 사랑이 없으면 내가 아무것도 아니요

내가 내게 있는 모든 것으로 구제하고 또 내 몸을 불사르게 내어 줄찌라도 사랑이 없으면 내게 아무 유익이 없느니라

사랑은 오래 참고 사랑은 온유하며 투기하는 자가 되지 아니하며 사랑은 자랑하지 아니하며 교만하지 아니하며

무례히 행치 아니하며 자기의 유익을 구치 아니하며 성내지 아니하며 악한 것을 생각지 아니하며

불의를 기뻐하지 아니하며 진리와 함께 기뻐하고

모든 것을 참으며 모든 것을 믿으며 모든 것을 바라며 모든 것을 견디느니라

사랑은 언제까지든지 떨어지지 아니하나 예언도 폐하고 방언도 그치고 지식도 폐하리라

우리가 부분적으로 알고 부분적으로 예언하니

온전한 것이 올 때에는 부분적으로 하던 것이 폐하리라

내가 어렸을 때에는 말하는 것이 어린 아이와 같고 깨닫는 것이 어린 아이와 같고 생각하는 것이 어린 아이와 같다가 장성한 사람이 되어서는 어린 아이의 일을 버렸노라

우리가 이제는 거울로 보는 것같이 희미하나 그때에는 얼굴과 얼굴을 대하여 볼 것이요 이제는 내가 부분적으로 아나 그때에는

주께서 나를 아신 것 같이 내가 온전히 알리라

그런즉 믿음, 소망, 사랑, 이 세 가지는 항상 있을 것인데 그중에 제일은 사랑이라"(고전 13:1-13).

기독교인들은 오늘의 본문을 "사랑장(章)"이라고 부릅니다. 어떤 이들은 고린도전서 13장의 말씀을 너무 좋아해서, 이 장(章) 전체를 암송하기도 합니다.

고린도교회의 교인들은 은사 자랑질로 교회가 아주 혼란스러웠습니다. 성도에게 주신 가장 큰 은사는 방언이나 예언이 아닙니다. 성도들에게 가장 귀한 은사는 진리의 복음 안에 충만한 하나님의 사랑입니다. 그래서 사도 바울은 "너희는 더욱 큰 은사를 사모하라 내가 또한 제일 좋은 길을 너희에게 보이리라"(고전 12:31)고 권고하고 나서 오늘의 본문을 선포했습니다.

"내가 사람의 방언과 천사의 말을 할찌라도 사랑이 없으면 소리 나는 구리와 울리는 꽹과리가 되고 내가 예언하는 능이 있어 모든 비밀과 모든 지식을 알고 또 산을 옮길 만한 모든 믿음이 있을찌라도 사랑이 없으면 내가 아무것도 아니요 내가 내게 있는 모든 것으로 구제하고 또 내 몸을 불사르게 내어 줄찌라도 사랑이 없으면 내게 아무 유익이 없느니라"(고전 13:1-3).

위 말씀에는 "~찌라도"라는 표현이 반복되어 있습니다. 하나님께서 우리에게 주신 영적인 사랑을 모른다면, 방언이나 예언, 그리고 믿음과 같은 은사들은 아무것도 아니라는 말씀입니다. 심지어는 남을 구하기 위해서 불속에 뛰어들거나 가난한 자들을 구제하려고 자기의 모든 것을 팔았다고 할지라도, 만일 그것이 하나님의 구원의 사랑을 지향하는 것이 아니라면 그것은 아무것도 아닙니다.

성경의 사랑은 진리의 사랑입니다

　진리의 복음이나 하나님과 상관없이도 엄청난 희생으로 다른 이들을 구제하는 이들이 있습니다. 평생 모은 자기의 재산을 다 팔아서 구호단체에 기부하거나 가난한 자들에게 나누어 주는 이들도 있는데, 참으로 대단한 분들입니다. 다른 사람의 생명을 구하려고 자기의 생명을 희생하는 일도 참으로 칭찬받을 만한 일입니다. 어떤 이들은 생면부지의 환자를 위해서 자기의 신장(콩팥) 하나를 떼어 주기도 합니다. 참으로 아름다운 희생입니다. 사람들은 이런 희생과 봉사를 사랑의 전부라고 여깁니다.

　그런데 성경이 말씀하는 사랑은 그런 육신적인 사랑이 아닙니다. 주님께서 말씀하시는 사랑은 **"진리의 사랑"**입니다. 가난한 사람들을 구제하고 병자들을 치료해 주고, 낙후된 나라에 학교를 세워 주고, 오염된 식수를 먹어야 하는 낙후된 지역에 펌프 박아서 맑은 물을 먹게 해 주는 등의 인도적인 사랑도 아름답고 고귀합니다. 그러나 하나님은 우리가 다른 사람들의 영혼을 구원해서 당신의 자녀로 삼아주는 것, 즉 영적인 사랑을 가장 귀하게 여기십니다.

　"악한 자의 임함은 사단의 역사를 따라 모든 능력과 표적과 거짓 기적과 불의의 모든 속임으로 멸망하는 자들에게 임하리니 이는 저희가 진리의 사랑을 받지 아니하여 구원함을 얻지 못함이니라"(살후 2:9-10)고 말씀하신 대로, 하나님께서 원하시는 사랑은 **"진리의 사랑,"** 즉 구원의 사랑입니다.

　"보라 아버지께서 어떠한 사랑을 우리에게 주사 하나님의 자녀라 일컬음을 얻게 하셨는고, 우리가 그러하도다"(요일 3:1)라는 말씀에서도, 사랑은 하나님의 구원의 사랑을 의미합니다. 하나님께서 당신 아들을 아낌없이 우리에게 사람으로 보내셨습니다. 그리고 하나님은 당신의 아들 예수님이 안수의 형식으로 세례를 받게 하심으로 **"세상 죄를 지고 가는 하나님의 어린양"**이 되게 하셨습니다. 하나님은 우리를 대신해서 당신의 아들을 십자가에 못 박아 심판하심으로써, 믿는 우리를 아무 조건 없이 죄에서 구원해 주셨습니다. 아들을 통한 하나님의 구원의 사랑이 바로 **"진리의 사랑"**(살후 2:10)입니다.

전 세계인들은 고(故) 마더 테레사의 희생과 사랑을 칭송했습니다. 그녀는 인도 캘커타의 길거리에서 죽어 가던 노숙자들을 자기의 시설에 옮겨서 따뜻한 임종을 맞도록 하는 사역에 평생 헌신했습니다. 청량리역 부근에서 부랑인들에게 지속적으로 밥을 나눠 준 최○○ 목사님의 "밥퍼 공동체" 사역도 참으로 아름다운 일이며 칭찬받아 마땅합니다.

그런데 만일 그분들의 헌신적인 사랑이 그러한 육신적인 사랑에서 끝났다면, 그것은 아무것도 아닙니다. 우리가 사람들의 어려운 처지를 보고 그들에게 육신적인 사랑을 베푸는 것은, 궁극적으로 그들을 진리의 복음으로 이끌어서 **"죄 사함으로 말미암는 구원"**(눅 1:77)을 받게 하기 위한 것입니다.

사랑의 속성

"사랑은 오래 참고 사랑은 온유하며 투기하는 자가 되지 아니하며 사랑은 자랑하지 아니하며 교만하지 아니하며 무례히 행치 아니하며 자기의 유익을 구치 아니하며 성내지 아니하며 악한 것을 생각지 아니하며 불의를 기뻐하지 아니하며 진리와 함께 기뻐하고 모든 것을 참으며 모든 것을 믿으며 모든 것을 바라며 모든 것을 견디느니라"(고전 13:4-7).

영혼들이 구원을 받게 하는 영적인 사랑을 베풀려면 우리가 어떠한 마음가짐을 가져야 하겠습니까? 우리는 위의 말씀에 열거된 마음의 자세를 가져야 할 것입니다. 이러한 영적 덕성(德性)들은 어려운 것이 아닙니다. 진리의 사랑을 입어서 거듭난 성도들에게는 자기의 마음에 내주하시는 성령님으로 인하여 이러한 열매들이 절로 맺힙니다.

성경이 완성되면서 폐해진 예언과 방언

"사랑은 언제까지든지 떨어지지 아니하나 예언도 폐하고 방언도 그치고 지식도 폐하리라"(고전 13:8).

이제는 온전한 것, 즉 기록된 하나님의 말씀이 모두 완성되어 우리에게 주어졌습니다. 예언과 방언의 은사는 하나님께서 한시적(限時的)으로 허락하신 은사들이며, 온전한 것이 오자 그것들은 폐해졌습니다. 저는 초등학생 시절에 딱지치기나 구슬치기 같은 놀이를 아주 좋아했습니다. 그런데 중학생이 되어서는 그런 놀이가 유치해서 전혀 하지 않게 되었습니다. 방언, 예언, 지식의 자랑은 "온전한 것이 올 때"까지만 한시적으로 주신 은사들입니다.

"모든 성경은 하나님의 감동으로 된 것으로 교훈과 책망과 바르게 함과 의로 교육하기에 유익하니 이는 하나님의 사람으로 온전케 하며 모든 선한 일을 행하기에 온전케 하려 함이니라"(딤후 3:16-17).

"온전한 것"은 신구약 66권의 성경 말씀입니다. 하나님의 말씀은 성령 하나님께서 성경 기자(記者)들을 감동시켜서 기록해 주신 것이기에, 오류가 없고 완전합니다.

우리가 하나님께 구해야 할 은사는 믿음과 소망과 사랑입니다. 그리고 그중에서 제일은 사랑입니다. 성경이 말씀하는 사랑은 진리의 원형복음 안에 충만한 **"진리의 사랑"**(살후 2:10)입니다. 우리는 진리의 사랑을 충만하게 입어서 사랑의 사도들이 되기를 간절히 구해야 합니다.

"너희는 더욱 큰 은사를 사모하라 내가 또한 제일 좋은 길을 너희에게 보이리라"(고전 12:31) 하신 말씀은, 물과 피의 복음 안에 가득한 하나님의 사랑을 충만하게 입어서, 모든 잃어버린 영혼들에게 그 사랑이 전달되도록 자신을 드리라는 말씀입니다.

저는 복음의 사랑을 더욱더 충만하게 입기를 원합니다. 그래서 제 육체의 남은 때에 **"진리의 사랑"**을 모든 이들에게 나눠 주는 사랑의 일꾼이 되기를 바랍니다.

성경대로의 복음이 아니면 부활도 없다

"형제들아 내가 너희에게 전한 복음을 너희로 알게 하노니 이는 너희가 받은 것이요 또 그 가운데 선 것이라

너희가 만일 나의 전한 그 말을 굳게 지키고 헛되이 믿지 아니하였으면 이로 말미암아 구원을 얻으리라

내가 받은 것을 먼저 너희에게 전하였노니 이는 성경대로 그리스도께서 우리 죄를 위하여 죽으시고

장사 지낸바 되었다가 성경대로 사흘 만에 다시 살아나사

게바에게 보이시고 후에 열 두 제자에게와

그 후에 오백여 형제에게 일시에 보이셨나니 그 중에 지금까지 태반이나 살아 있고 어떤 이는 잠들었으며

그 후에 야고보에게 보이셨으며 그 후에 모든 사도에게와

맨 나중에 만삭되지 못하여 난 자 같은 내게도 보이셨느니라

나는 사도 중에 지극히 작은 자라 내가 하나님의 교회를 핍박하였으므로 사도라 칭함을 받기에 감당치 못할 자로라

그러나 나의 나 된 것은 하나님의 은혜로 된 것이니 내게 주신 그의 은혜가 헛되지 아니하여 내가 모든 사도보다 더 많이 수고하였으나 내가 아니요 오직 나와 함께하신 하나님의 은혜로라

그러므로 내나 저희나 이같이 전파하매 너희도 이같이 믿었느니라

그리스도께서 죽은 자 가운데서 다시 살아나셨다 전파되었거늘 너희 중에서 어떤 이들은 어찌하여 죽은 자 가운데서 부활이 없다

하느냐"(고전 15:1-12).

사도 바울은 주님께로부터 진리의 복음을 받았습니다. 바울은 그것을 **"성경대로의 복음"**이라고 소개하고 있습니다.

성경대로의 복음이란 무엇인가?

사도 바울은 **"형제들아 내가 너희에게 전한 복음을 너희로 알게 하노니… 성경대로 그리스도께서 우리 죄를 위하여 죽으시고 장사 지낸바 되었다가 성경대로 사흘 만에 다시 살아나사"**라고 말씀하며, **"성경대로의 복음"**을 소개했습니다. 여기서 말씀한 **"성경"**은 구약성경을 의미합니다. 바울이 고린도전서를 기록했던 시점에는, 대부분 신약성경이 아직 기록되지 않았습니다.

따라서 **"성경대로 그리스도께서 우리 죄를 위하여 죽으시고"**라는 말씀은 구약성경에 기록된 대속(代贖)의 제사, 특히 대속죄일(大贖罪日)의 속죄 제사를 지칭하는 말씀입니다. 구약시대에는 어떻게 죄 사함을 받았습니까? 하나님께로부터 죄 사함을 받으려면, 이스라엘 백성은 반드시 속죄의 제사를 드려야 했습니다. 대속(代贖)의 속죄 제사를 드리지 않고서는 아무도 죄 사함을 받을 수 없었습니다.

속죄 제사는 반드시 다음의 세 가지 조건이 충족되어야 했습니다.
1. 흠 없는 제물,
2. 안수(按手): 죄인의 죄를 제물에게 넘기는 하나님의 법
3. 제물의 죽음(피 흘림)

예수님은 구약성경에 기록된 속죄의 제사법 그대로 우리의 죄를 대속하기 위해서 돌아가셨습니다.

첫째, 예수님은 흠 없는 제물입니다. 예수님은 하나님의 아들이신 성자(聖子) 하나님이, 처녀 마리아의 몸에서 육신을 입고 태어나신 분입니다. 예수님은 아담의 죄성(罪性)을 물려받고 태어난 남자의 후손이 아닙니다. 예수님은 여자의 몸에서 난 자, 즉 **"여자의 후손"**(창 3:15)입니다. 따라서 예수님은 전 인류의 죄를 담당하실 흠 없는 합격 제물입니다.

둘째로, 예수님은 서른 살이 되셨을 때에 요단강으로 나오셔서, 인류의 대표자인 세례 요한에게 안수의 형식으로 세례를 받으셨습니다. 안수의 형식으로 받으신 **"그 세례"**(행 10:37)가 세상의 모든 죄를 단번에 예수님께로 넘긴 능력의 세례입니다.

예수님께서 세례를 받으려고 세례 요한에게 다가가셨습니다. 그 때에 요한은 요단강 물에서 진정으로 회개한 백성들에게 세례를 베풀고 있었습니다. 그는 자기에게 다가오시는 예수님을 본 순간, "저분이 바로 오시기로 약속하신 메시아로구나!" 하며 당황했습니다. 그래서 **"내가 당신에게 세례를 받아야 할 터인데 당신이 내게로 오시나이까"**(마 3:14) 하고 예수님께 머리를 조아렸습니다.

그러자 예수님은, **"이제 허락하라 우리가 이와 같이 하여 모든 의를 이루는 것이 합당하니라"**(마 3:15) 하고 요한에게 준엄하게 명령하셨습니다. 그러자 인류의 대표자인 세례 요한이 하나님의 어린양으로 오신 예수님의 머리에 안수의 형식으로 세례를 베풀어서 예수님께 인류의 모든 죄를 다 넘겼습니다. 그 세례로 하나님의 **"모든 의"**가 이루어졌습니다.

세례 받으신 이튿날에, 예수님은 세례 요한으로부터, **"보라 세상**

죄를 지고 가는 하나님의 어린 양이로다"(요 1:29)라는 증거를 받으셨습니다. 받으신 세례로 세상 죄를 단번에 짊어진 예수님은 세상 죄를 짊어지고 십자가로 가셨습니다. 그리고 십자가에 못 박혀서 "다 이루었다"(요 19:30) 하시기까지 피를 흘리시고 돌아가심으로 우리의 모든 죄를 깨끗이 씻어 주셨습니다.

	속죄제사의 비교		
	하루치 제사	대속죄일의 제사	예수님의 영원한 제사
희생제물	흠 없는 염소(양)	수송아지와 숫염소	예수님의 육체(몸)
죄를 넘기는 방법	죄인이 안수함	대제사장이 안수함	인류의 대표자인 세례 요한의 세례(안수)
죄 사함의 효력	개인의 하루치 속죄	백성전체의 일 년 치 속죄	전 인류의 영원한 속죄
제사의 주관자	제사장	대제사장	예수 그리스도 (하늘의 대제사장)
본질성	장차 올 좋은 일의 그림자(예고편)		실체(좋은 일 자체)
하나님의 섭리	성막에서 드렸던 첫째 제사 (폐해짐)		변역한 둘째(영원한) 제사
제사가 완성된 곳	땅의 성막(성전)		하늘 성소

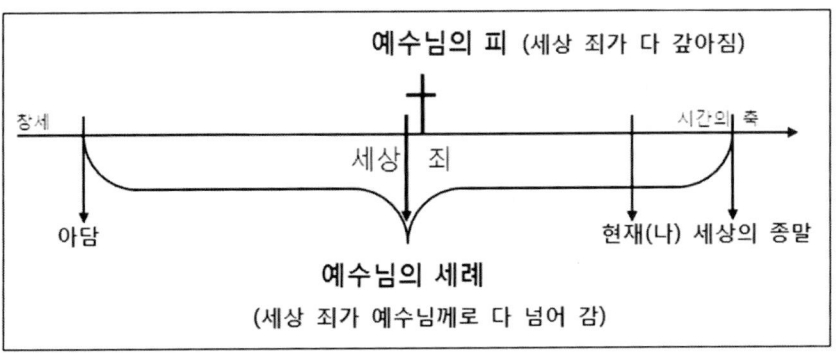

예수님은 당신의 몸으로 구약성경의 속죄의 제사가 요구하는 세 가지 조건을 다 충족시키는 **"한 영원한 제사"**(히 10:12)를 드려주셨습니다. 이것이 바로 **"성경대로 그리스도께서 우리 죄를 위하여 죽으시고"**라는 말씀의 참뜻입니다.

예수님은 십자가에서 돌아가신 후 **"장사 지낸바 되었다가 성경대로 사흘 만에 다시 살아나"**셨습니다. 성경대로 우리 죄를 위해서 죽으신 예수님은 성경대로 부활하셨습니다. 성경은 주님께서 부활하실 것을 약속하셨습니다: **"이는 내 영혼을 음부에 버리지 아니하시며 주의 거룩한 자로 썩지 않게 하실 것임이니이다"**(시 16:10).

모세는 시내산 서편에서 불타는 떨기나무를 보았습니다. 떨기나무에 불이 붙었는데 나무는 없어지지 않고 그대로 있었습니다. 그것은 부활의 주님을 계시한 사건입니다. **"죽은 자의 살아난다는 것을 의논할찐대 너희가 모세의 책 중 가시나무떨기에 관한 글에 하나님께서 모세에게 이르시되 나는 아브라함의 하나님이요 이삭의 하나님이요 야곱의 하나님이로라 하신 말씀을 읽어보지 못하였느냐"**(막 12:26)라는 말씀이 그런 뜻입니다. 또 다윗의 시편에, **"저로 영존하여 썩음을 보지 않게 못하리니"**(시 49:9) 하신 말씀도 부활의 약속입니다.

이와 같이 예수님은 성경대로 우리 죄를 위하여 돌아가셨고, 성경대로 죽음에서 부활하셔서, 당신의 육체로 드려 주신 **"한 영원한 제사"**(히 10:12)를 믿는 자들을 영원히 거룩하게 하셨습니다.

"그러므로 내나 저희나 이같이 전파하매 너희도 이같이 믿었느니라"(고전 15:11). 사도 바울뿐만 아니라 다른 사도들과 제자들도 예수님께서 받으신 세례와 십자가의 피로 구성된 **"물과 피의 복음"**을 전했습니다. 그들에게서 복음을 전해 들은 초대교회의 성도들도

"성경대로의 복음"을 믿어서 죄 사함을 받고 의인(義人)으로 거듭날 수 있었습니다.

그런데 오늘날의 기독교인들은 사도 바울을 비롯한 모든 사도들과 제자들이 전했던 **"성경대로의 복음"**과 다른 복음을 믿고 있습니다. 오늘날의 기독교인들이 믿는 "예수님의 피만의 복음"은 **"성경대로의 복음"**에서 예수님께서 받으신 세례를 빼버린 반쪽짜리의 복음입니다. 그것은 사단 마귀가 오랜 세월 동안 작업을 해서 세상을 뒤덮게 한 변질된 복음입니다. 그런 가라지의 복음으로는 아무도 죄 사함을 받을 수 없으며 의인으로 거듭날 수 없습니다.

진리의 복음이 여러 가지입니까? 그렇지 않습니다. 진리의 복음은 하나뿐이고, **"성경대로의 복음"**을 구성하고 있는 3가지 증거 중에서 어떤 것 하나라도 뺀 것은 진리의 복음이 아닙니다. 따라서 **"성경대로의 복음"**이 아닌 반쪽짜리 복음을 믿어서는 절대로 죄 사함을 받지 못하고 성령님을 선물로 받지 못합니다.

십자가의 피만으로 된 반쪽짜리 복음을 믿는 기독죄인(基督罪人)들은 구원의 확신이 없기에, 자기의 부활을 확신하지 못합니다. 그들은 **"성경대로의 복음"**에 믿음의 터를 두지 않았기 때문에 하나님의 모든 말씀이 그들의 마음 안에 자리를 잡고 뿌리를 내릴 수가 없습니다.

"그러므로 내나 저희나 이같이 전파하매 너희도 이같이 믿었느니라"(고전 15:11).

예수 그리스도는 육신을 입고 오신 성자(聖子) 하나님입니다. 예수님은 흠 없는 제물로 이 땅에 오셔서 인류의 대표자인 세례 요한에게 안수의 형식으로 세례를 받으심으로 세상 모든 죄를 친히 담당하셨습니다. 예수님은 받으신 세례로 **"세상 죄를 지고 가는**

하나님의 어린양"(요 1:29)이 되셨기에, 주님은 반드시 피 흘려 돌아가셔야 했습니다. 예수님은 십자가에 못 박히고 달리셔서 여섯 시간 동안 절규하시면서 피를 흘리시고 마지막에 **"다 이루었다"**(요 19:30)라고 크게 외치시고 돌아가셨습니다.

"다 이루었다"라는 말씀은 "내가 인류의 모든 죄를 깨끗이 없애 놓았다"라는 뜻입니다. 사도들은 모두 **"성경대로의 복음,"** 즉 주님께서 세례를 받으시고 십자가에 달려 돌아가심으로 우리 모든 죄를 깨끗이 없애시고 사흘 만에 부활하셔서 하나님 보좌 우편으로 승천하셨다는 진리의 복음을 믿고 전했습니다.

"내나 저희나 이같이 전파하매"라고 말씀하신 대로, 사도 베드로나 사도 요한도 예수님의 세례와 십자가의 복음을 전했습니다. 베드로 사도는 **"물은 예수 그리스도의 부활하심으로 말미암아 이제 너희를 구원하는 표니 곧 세례라"**(벧전 3:21)고 선포했습니다. 예수님의 구원의 사역은 받으신 세례에서 시작해서 십자가의 피(죽음)와 부활로 완성된다고 베드로는 선포한 것입니다.

사도 요한은 예수님을 **"물과 피로 임하신 분"**(요일 5:6)이라고 선포했습니다. 예수님은 하나님의 아들이신데, 육신을 입고 오셔서 요단강 물에서 받으신 세례와 십자가의 피로 우리 모든 인류를 죄에서 온전히 구원하셨습니다.

사도 요한은 **"증거하는 이가 셋이니 성령과 물과 피라 또한 이 셋이 합하여 하나이니라"**(요일 5:8)는 말씀으로 진리의 원형복음(原形福音, the Original Gospel)은 성령의 증거, 물의 증거, 피의 증거로 구성된 복음이라고 소개했습니다. 예수님께서 우리를 모든 죄에서 구원하셨다는 진리를 증거하는 이가 셋입니다.

성령님께서는 예수님이 하나님의 아들이라고 증거합니다. 성자 하나님께서 육신을 입고 오셨으니, 예수님은 **"죄를 알지도 못하신 자"**(고후 5:21)이시며, 전 인류의 죄를 담당하실 수 있는 흠 없는 어린양입니다.

"물"은 예수님께서 요단강 물에서 인류의 대표자인 세례 요한에게 안수의 형식으로 받으신 세례입니다. **"그 세례"**(행 10:37)로 세상의 모든 죄가 예수님의 육체로 단번에 넘어갔습니다.

"피"는 **"다 이루었다"**(요 19:30) 하시기까지 흘리신 십자가의 보혈입니다. 그 피로 우리의 모든 죄가 깨끗이 씻어졌습니다. 예수님께서 십자가에서 피 흘려 돌아가신 것은, 예수님께서 받으신 세례의 필연적 귀결(歸結)입니다. 예수님의 세례가 없었다면, 예수님은 십자가에서 돌아가실 이유도 없습니다. 따라서 예수님의 세례를 배제하고 십자가의 피만으로 된 복음은 "아니 땐 굴뚝에 연기가 나는 셈"이며, 따라서 온전한 복음이 아닙니다.

"또한 이 셋이 합하여 하나이니라"(요일 5:8) 하신 말씀은 성령의 증거, 물의 증거, 그리고 피의 증거 중에서 하나라도 빼버린 복음은 온전한 복음이 아니라는 뜻입니다.

또한 진리의 복음에는 예수님의 부활도 포함됩니다. 예수님의 물과 피의 사역을 믿어서 거듭난 우리들에게 부활이 보장되어 있다는 것이 참으로 기쁜 소식입니다.

부활하신 주님은 **"게바에게 보이시고 후에 열 두 제자에게와 그 후에 오백여 형제에게 일시에 보이셨나니 그 중에 지금까지 태반이나 살아 있고 어떤이는 잠들었으며 그 후에 야고보에게 보이셨으며 그 후에 모든 사도에게와 맨 나중에 만삭되지 못하여 난 자 같은 내게도 보이셨"**(고전 15:5-8)다고 바울은 선포했습니다.

사도 바울은 예수님께서 부활하셨다는 확연한 사실을 부활의 목격자들을 통해서 확증했습니다. 부활하신 예수님께서 승천하신 장면을 목격한 오백여 명의 제자들은 사도 바울이 고린도전서의 말씀을 기록할 당시에 거의 다 살아 있었습니다. 또한 부활하신 주님은 당신의 형제(half-brother)인 야고보나 모든 사도들에게 보이셨고, 바울 자신에게도 나타나셨습니다.

하나님의 아들이신 예수님께서는 성경대로 우리 죄를 위해서 죽으시고 성경대로 다시 살아나셨습니다. 예수님은 죽음에서 부활하셔서 부활의 첫 열매가 되셨고, 거듭난 우리도 장차 부활할 것을 보증하셨습니다.

"성경대로의 복음" 외에 다른 복음은 없습니다. 사도들이 전했던 원형의 복음에는 반드시 **"세례들과 안수"**(히 6:2)**에 관한 교훈**이 포함되어 있습니다. 십자가의 피만의 복음은 성경에 기록된 원형의 복음과는 **"다른 복음"**입니다. 그러한 반쪽짜리 복음을 믿어서는 결코 의인으로 거듭나지 못합니다. 오늘날의 기독교인들이 기독죄인(Christian sinners)으로 남겨진 이유가 바로 그들이 반쪽짜리의 사이비 복음을 믿기 때문입니다.

"성경대로의 복음"을 믿어서 죄 사함을 받은 자들, 즉 거듭난 의인들에게만 부활의 영광이 있습니다. 그들만이 장차 주님께서 다시 오실 때에 첫째 부활에 참여하게 됩니다. 누구든지 **"성경대로의 복음"**을 믿지 않고 "나는 반드시 부활한다"라고 확신하면 그의 믿음은 헛것입니다.

이 땅에서의 삶은 잠깐이면 지나갑니다. 우리 믿음의 목적지는 하늘에 있습니다. **"성경대로의 복음"**을 믿어서 거듭난 하나님의 자녀들에게는 "무엇을 먹을까 무엇을 마실까 또 이 땅에서 어떤 사람이 될까, 어떻게 하면 사람들의 존경을 받을까?" 하는 것들은 그리 중요하지 않습니다. **"성경대로의 복음"**을 믿지 아니하면 하늘에 소망을 둘 수 없고, 또 자기의 부활에 대한 확신이 있더라도 그것은 헛것입니다.

고린도교회의 상당수의 교인들은 부활에 대한 확신이 없었기에, "부활은 없다" 또는 "부활은 이미 지나갔다"라는 허망한 주장을 했습니다. 오늘날의 기독교인들도 "당신은 부활의 영광에 들어갈 확신이 있느냐?"라는 질문 앞에서 분명한 믿음의 고백을 하지 못합니다.

부활의 확신은 **"성경대로의 복음"**을 믿어야만 할 수 있습니다. 우리는 주님께서 성경대로 우리 죄를 위하여 죽으셨다가 성경대로 부활하셨다는 원형의 복음을 믿습니다. 원형(原形)의 복음을 믿는 자들은 어떤 곤고와 핍박이나 순교의 위협을 당할지라도, 흔들리지 않고 부활의 신앙을 지킵니다.

하나님께서는 **"성경대로의 복음"**을 우리에게 주셔서, 우리가 이 땅의 것들 때문에 좌절하거나 슬퍼하지 않고 부활의 소망 중에 살게 하셨습니다. 우리는 다시 오실 주님을 기다리면서 육체의 남은 때에 **"성경대로의 복음"**을 전파하면서 소망 중에 살고 있습니다.

우리에게 **"성경대로의 복음"**을 주신 하나님께 감사와 찬양을 드립니다. 할렐루야!

부활과 휴거에 관한 올바른 믿음

"형제들아 내가 이것을 말하노니 혈과 육은 하나님 나라를 유업으로 받을 수 없고 또한 썩은 것은 썩지 아니한 것을 유업으로 받지 못하느니라

보라 내가 너희에게 비밀을 말하노니 우리가 다 잠잘 것이 아니요 마지막 나팔에 순식간에 홀연히 다 변화하리니

나팔 소리가 나매 죽은 자들이 썩지 아니할 것으로 다시 살고 우리도 변화하리라

이 썩을 것이 불가불 썩지 아니할 것을 입겠고 이 죽을 것이 죽지 아니함을 입으리로다

이 썩을 것이 썩지 아니함을 입고 이 죽을 것이 죽지 아니함을 입을 때에는 사망이 이김의 삼킨 바 되리라고 기록된 말씀이 응하리라

사망아 너의 이기는 것이 어디 있느냐 사망아 너의 쏘는 것이 어디 있느냐

사망의 쏘는 것은 죄요 죄의 권능은 율법이라

우리 주 예수 그리스도로 말미암아 우리에게 이김을 주시는 하나님께 감사하노니

그러므로 내 사랑하는 형제들아 견고하며 흔들리지 말며 항상 주의 일에 더욱 힘쓰는 자들이 되라 이는 너희 수고가 주 안에서 헛되지 않은 줄을 앎이니라"(고전 15:50-58).

고린도교회는 하나님의 종 사도 바울이 제2차 선교 여행 중에 해산의 수고로 세운 교회입니다. 그러나 고린도 교인들은 올바른

믿음의 길로 행하지 않았습니다. 그들은 부활과 휴거에 관한 올바른 지식과 믿음도 없었습니다. 어떤 이들은 "부활이 없다"라고 했고 또 어떤 이들은 "부활이 이미 지나갔다"라고 주장했습니다.

부활에 관한 올바른 지식

부활과 휴거에 관한 믿음이 제대로 정립되어 있지 않은 사람은 신앙생활을 제대로 할 수 없습니다. 부활의 믿음은 우리의 신앙에서 매우 중요합니다. 부활이 없다면 우리 신앙은 다 헛것입니다. 부활과 영생은 우리 신앙의 궁극적 지향점입니다.

그래서 사도 바울은 "만일 죽은 자가 다시 사는 것이 없으면 그리스도도 다시 사신 것이 없었을 터이요 그리스도께서 다시 사신 것이 없으면 너희의 믿음도 헛되고 너희가 여전히 죄 가운데 있을 것이요 또한 그리스도 안에서 잠자는 자도 망하였으리니"(고전 15:16-18)라고 말씀했습니다.

거듭난 우리는 장차 부활(復活)합니다. 우리는 부활과 동시에 휴거(携擧, Rapture)에 참여하게 됩니다. 부활과 휴거가 없다면 우리의 신앙생활은 다 헛것이며, 그렇다면 하나님을 믿을 필요도 없습니다. 부활과 휴거는 우리 믿음의 목적이고 축복입니다. 부활은 우리가 영생으로 들어가는 문입니다. 부활과 휴거에 관한 올바른 지식이 없으면, 여러분은 파탄적 이단에 빠져서 영혼과 육신이 다 멸망하게 됩니다.

"이단에 속한 사람을 한두 번 훈계한 후에 멀리 하라 이러한 사람은 네가 아는 바와 같이 부패하여서 스스로 정죄한 자로서 죄를 짓느니라"(딛 3:10-11).

이단(異端, heresy)이란, 예수님을 믿는다면서도 "나는 죄인입니다" 하고 "스스로 정죄하는 자들"입니다. "물과 피로 임하신" 예수 그리스도께서 우리의 모든 죄를 깨끗이 없애 주셨습니다. 그러나 이단들은 진리의 복음을 알지 못하거나 믿지 않기에 자기는 기독죄인(基督罪人)이라고 자인(自認)하고 있습니다.

기독죄인(基督罪人)들이 바로 이단입니다. 그런데 이단 중에는 "비교적 얌전한" 이단들과 "파탄적" 이단들이 있습니다. 윤리적으로 크게 문제가 안되는 대부분의 기독죄인(基督罪人)들은 "얌전한 이단"이라고 분류할 수 있습니다.

그러나 가정과 개인을 파탄시키는 이단들도 있습니다. 한 개인의 인성(人性)뿐 아니라 가족관계나 모든 사회적 관계까지 단절시켜서 신도들을 멸망시키는 이단이 바로 파탄적 이단입니다. 기독교란 이름을 빙자하는 무리 중에는 파탄적 이단들이 적지 않습니다.

파탄적 이단 중에서 신○○라는 무리는 "충성스럽게 전도하고 헌금도 하고 봉사를 하면 죽지 않고 부활과 휴거에 참여하는 14만 4천 명에 들어간다"라고 가르쳤습니다. 그런데 그 무리의 신도 숫자가 14만 4천 명이 넘자, 이번에는 성경을 외워 쓰는 시험을 봐서 90점 이상을 받아야 14만 4천 명에 들어간다고 교리를 변경했습니다. 그들은 참으로 어처구니없는 사기꾼들입니다.

"보라 내가 너희에게 비밀을 말하노니 우리가 다 잠잘 것이 아니요 마지막 나팔에 순식간에 홀연히 다 변화하리니 나팔 소리가 나매 죽은 자들이 썩지 아니할 것으로 다시 살고 우리도 변화하리라"(고전 15:51-52).

마지막 나팔이 울려 퍼질 때에, 즉 7년 대환난이 거의 끝날 무렵에 성도가 부활하는 역사가 있습니다. 그때에 진리의 원형복음을 믿어서 거듭난 의인 중에서 돌아가신 믿음의 선배들이 신령한 몸을 입고 먼저 부활합니다. 그리고 그때까지 살아 있는 의인들도 홀연히 부활의 몸을 입습니다. 육신의 몸이 있는 것처럼, 신령한 몸, 즉 부활의 몸도 있습니다.

"형제들아 자는 자들에 관하여는 너희가 알지 못함을 우리가 원치 아니하노니 이는 소망 없는 다른 이와 같이 슬퍼하지 않게 하려 함이라 우리가 예수의 죽었다가 다시 사심을 믿을찐대 이와 같이 예수 안에서 자는 자들도 하나님이 저와 함께 데리고 오시리라 우리가 주의 말씀으로 너희에게 이것을 말하노니 주 강림하실 때까지 우리 살아 남아 있는 자도 자는 자보다 결단코 앞서지 못하리라

주께서 호령과 천사장의 소리와 하나님의 나팔로 친히 하늘로 좇아 강림하시리니 그리스도 안에서 죽은 자들이 먼저 일어나고 그 후에 우리 살아 남은 자도 저희와 함께 구름 속으로 끌어 올려 공중에서 주를 영접하게 하시리니 그리하여 우리가 항상 주와 함께 있으리라"(살전 4:13-17).

부활의 시기는 언제인가?

7년 대환난의 중간쯤에 바다에서 나온 짐승의 우상, 즉 **"멸망의 가증한 것이 거룩한 곳에 선"**(마 24:15)다고 성경은 말씀합니다. 그때부터 의인들은 **"성도의 권세가 다 깨어지기까지"**(단 12:7) 극심한 환난을 견뎌야 합니다. 그런 환난의 끝에 일곱 번째 나팔이 울려 퍼지면, 주님께서는 하늘을 가득 메운 천군 천사들과 함께 공중에 재림하십니다.

그 순간, 우리 의인들은 부활의 영광을 누리게 됩니다. 돌아가신 선배 의인들이 부활의 몸을 입고 먼저 일어나고, 그때까지 살아 있는 의인들도 순식간에 신령한 몸으로 변화되는 역사를 맛보게 됩니다. 진리의 원형복음을 믿어서 죄 사함을 받고 거듭난 의인들은 그들의 영이 이미 부활했습니다. 주님의 재림 때에 의인들이 누리는 것은 육신의 부활입니다.

휴거(携擧)란 무엇인가?

"또 내가 보니 흰구름이 있고 구름 위에 사람의 아들과 같은 이가 앉았는데 그 머리에는 금 면류관이 있고 그 손에는 이한 낫을 가졌더라 또 다른 천사가 성전으로부터 나와 구름 위에 앉은 이를 향하여 큰 음성으로 외쳐 가로되 네 낫을 휘둘러 거두라 거둘 때가 이르러 땅에 곡식이 다 익었음이로다 하니 구름 위에 앉으신 이가 낫을 땅에 휘두르매 곡식이 거두어지니라"(계 14:14-16).

주님께서 공중에 오시면, 부활한 의인들은 하나님의 능력으로 공중으로 끌려 올라갑니다. 예수님께서 **"이한 낫을 휘둘러"**서 당신의 백성들을 거두어들이는 것이 휴거(携擧, Rapture)입니다. 부활과 휴거는 동시에 일어납니다.

그런데 부활과 휴거에는 누가 참여하느냐? 거듭난 의인들이 참여합니다. 죄가 있는 기독죄인들은 첫째 부활과 휴거에 참여하지 못합니다. 슬기로운 다섯 처녀처럼 죄 사함 받아서 성령님(기름)을 선물로 받은 의인들만 부활과 휴거에 참여해서 천국 혼인잔치에 들어갑니다.

우리는 부활과 휴거에 대한 올바른 지식을 가지고 있어야 합니다. 그래야 얌전한 이단이든 파탄적 이단이든, 이단들의 교설(巧說)에서 벗어날 수 있습니다. 많은 이단들이 "환난 전 휴거설"을 주장합니다. 그들은 환난이 시작되기 전에 자기 신도들의 부활과 휴거가 일어난다고 거짓말을 유포해서 신도들을 안심시킵니다. 그것은 새빨간 거짓말입니다.

성경은 성도(聖徒)들이 오른손이나 이마에 표를 받도록 강요받는 극심한 핍박을 견뎌야 한다고 말씀합니다. 따라서 "환난 전 휴거설"은 성경적으로 옳지 않습니다. 7년 대환난을 거의 다 통과하고서 마지막 나팔, 즉 일곱 번째 나팔이 울려 퍼질 때에야, 우리 의인들은 부활과 휴거에 들어갑니다. 그리고 죄인들만 남게 된 이 땅에는 일곱 대접의 진노가 무자비하게 부어집니다.

사람이 의인으로 거듭나지 않으면 아무도 천국의 영생에 들어가지 못합니다. 그러므로 마음에 죄가 있는 죄인들은 속히 "하나님, 저는 죄가 있습니다. 저의 모든 죄가 사해지도록 은혜를 입혀 주세요" 하고 하나님께 간구해야 합니다. 그러면 하나님께서 그렇게 심령이 가난한 사람을 거듭난 의인의 모임인 하나님의 교회로 인도하시고 진리의 복음으로 죄 사함을 받게 해 주십니다.

그러므로 우리는 어떠한 삶을 살아야 마땅합니까?

"그러므로 내 사랑하는 형제들아 견고하며 흔들리지 말며 항상 주의 일에 더욱 힘쓰는 자들이 되라 이는 너희 수고가 주 안에서 헛되지 않은 줄을 앎이니라"(고전 15:58).

지금은 마지막 때입니다. 거듭난 성도인 우리가 이 땅의 남은 때에 할 일이 무엇입니까? 주의 일에 더욱 힘쓰는 것밖에 없습니다. 돈을 많이 벌고 세상에서 출세하는 것이 아직도 꿈이라고 하면, 꿈을 깨야 합니다. 그런 사람은 아직 거듭난 자가 아닙니다. 거듭난 의인에게는 **"육신의 정욕 안목의 정욕 이생의 자랑"**이 아무것도 아닙니다.

우리는 **"주의 일에 더욱 힘쓰는 자들,"** 즉 믿음의 장성한 자들로 살면서 환난을 통과하고, 주님께서 공중에 임하실 때에 홀연히 영광스럽게 변화되는 부활을 맞을 것입니다. 그리고 주님께서 우리를 끌어올리실 때에, 휴거에 참여해서 그때부터 영원토록 주와 함께 하나님의 자녀의 영광을 누릴 것입니다.

여러분은 부활과 휴거에 관한 올바른 지식과 믿음을 가지고 육체의 남은 때에 **"주의 일에 더욱 힘쓰는 자들"**로 살기를 바랍니다.

"그러므로 내 사랑하는 형제들아
견고하며 흔들리지 말며
항상 주의 일에 더욱 힘쓰는 자들이 되라
이는 너희 수고가
주 안에서 헛되지 않은 줄을 앎이니라"
(고전 15:58).

환난 중에 있는 자들을 위로하라

"하나님의 뜻으로 말미암아 그리스도 예수의 사도 된 바울과 및 형제 디모데는 고린도에 있는 하나님의 교회와 또 온 아가야에 있는 모든 성도에게

하나님 우리 아버지와 주 예수 그리스도로 좇아 은혜와 평강이 있기를 원하노라

찬송하리로다 그는 우리 주 예수 그리스도의 하나님이시요 자비의 아버지시요 모든 위로의 하나님이시며

우리의 모든 환난 중에서 우리를 위로하사 우리로 하여금 하나님께 받는 위로로써 모든 환난 중에 있는 자들을 능히 위로하게 하시는 이시로다

그리스도의 고난이 우리에게 넘친 것같이 우리의 위로도 그리스도로 말미암아 넘치는도다

우리가 환난 받는 것도 너희의 위로와 구원을 위함이요 혹 위로 받는 것도 너희의 위로를 위함이니 이 위로가 너희 속에 역사하여 우리가 받는 것 같은 고난을 너희도 견디게 하느니라

너희를 위한 우리의 소망이 견고함은 너희가 고난에 참예하는 자가 된 것같이 위로에도 그러할 줄을 앎이라

형제들아 우리가 아시아에서 당한 환난을 너희가 알지 못하기를 원치 아니하노니 힘에 지나도록 심한 고생을 받아 살 소망까지 끊어지고

우리 마음에 사형 선고를 받은 줄 알았으니 이는 우리로 자기를 의뢰하지 말고 오직 죽은 자를 다시 살리시는 하나님만 의뢰하게 하심이라

그가 이같이 큰 사망에서 우리를 건지셨고 또 건지시리라 또한 이후에라도 건지시기를 그를 의지하여 바라노라"(고후 1:1-10).

코로나 19가 전 세계를 뒤덮고 있습니다. 지난 세기에는 신종 바이러스가 창궐하는 주기가 2~30년이었는데, 이제는 그 주기가 빨라져서 2~3년 만에 한 번씩 신종 바이러스가 나타날 수 있다고 진화생물학자들은 경고하고 있습니다.

지금은 재난(災難)의 때입니다. 그리고 자연의 역습인 재난은 점점 더 가속화가 될 것입니다. 지구 온난화의 영향으로, 북극의 만년설 지역의 면적은 백 년 전에 비해서 반도 안 되게 축소되었습니다. 머지않아서 북극의 만년설은 완전히 사라질 것입니다. 그렇게 되면 상상을 초월하는 기상 이변과 식량의 위기가 올 것입니다.

자연 재난이 극에 달하면 식량과 식수의 극심한 부족을 겪게 됩니다. 그러면 인간 사회는 약탈과 폭력으로 무정부 상태에 빠지게 됩니다. 극심한 혼란을 틈타서 사단 마귀의 조종을 받는 탁월한 인물이 세계의 지도자로 등장할 것입니다.

"바다에서 나온 짐승"으로 상징되는 전 세계적 통치자가 "땅에서 올라온 짐승"의 조력(助力)으로 전 세계를 장악하고 지배하게 됩니다. 그들은 "바다에서 나온 짐승"의 우상을 거룩한 곳에 세우고 모든 사람들이 그를 경배하도록 강요할 것입니다. 그때에 사람들은 오른손이나 이마에 그 짐승의 상징인 666표를 받아야만 생필품을 사거나 배급을 받을 수 있게 될 것입니다.

위로가 필요한 때입니다

그러한 시련의 때에, 우리 성도들에게 꼭 필요한 것이 믿음과 위로입니다. 거듭난 우리는 육체는 죽여도 영혼을 죽이지 못하는 사단 마귀를 두려워하지 말고, "죽으면 죽으리라" 하는 담대한 믿음을 가져야 합니다.

또한 고난을 당하는 성도들이 시련을 견디지 못해서 믿음을 배반하지 않도록, 서로 붙들어 주고 위로해야 합니다. 환난을 이기는 힘은 믿음과 위로에서 나옵니다. 우리 의인들이 서로 믿음으로 격려하고 위로하면 어떤 어려움이라도 넉넉히 이길 수 있습니다. 큰 어려움과 아픔을 겪을 때에 옆에서 같이 아파하며 위로해 주는 이가 있으면 우리는 능히 견딜 수 있습니다.

제게 세 살 위의 누님이 한 분 있습니다. 매형이 교통사고로 일찍 돌아가시고 청상에 과부가 된 누님은 홀로 두 아들을 키웠습니다. 조카 애들이 초등학교에 다닐 때였습니다. 누님 집에 가서 하루 자고 오게 되었는데, 곁에 누운 누님이 저에게 말했습니다.

"내가 가장 힘들었던 순간이 언제인지 아니? 애들이 상을 받아 와도 함께 기쁨을 나눌 사람이 없을 때였단다." 그 얘기를 듣고서 제 가슴이 미어졌습니다. 제가 자주 들러서 마음을 함께해 주지 못했기 때문입니다.

슬픔이든지 기쁨이든지 곁에 누가 있어서 같이 나눌 수 있다면, 기쁨은 두 배가 되고 슬픔은 반이 됩니다. 지금도 우리 성도 중에는 육신의 질병 때문에 고통을 겪는 분들이 있고, 경제적으로도 어려움을 겪는 분들도 있습니다. 그런 때에 우리는 진심으로 같이 아파하며 위로해 주어야 합니다.

오늘의 본문에서 사도 바울은 고린도 성도들에게 자기가 겪었던 고난에 대해서 말씀합니다. 사도 바울이나 그의 동역자들은 사형 선고를 받은 것 같은 큰 고난을 겪으면서, 고난 중에도 하나님의 위로가 자기들에게 넘쳤다고 말씀합니다. 믿음의 사람들은 엄청난 고난을 겪으면서 하나님을 더욱더 의지합니다. 또 하나님께서 당신을 의지하는 자들에게 넉넉한 위로를 주십니다.

그래서 믿음의 사람들은 고난을 통해서 얻은 하나님의 위로와 생명의 말씀과 하나님의 사랑으로 동일한 고난에 처해 있는 성도들을 위로할 수 있습니다. 진정한 위로는 성도들이 시련과 환난을 함께 뛰어넘을 수 있게 합니다.

저도 많은 고난을 겪었습니다. 저는 시련의 과정에서 살아 계신 하나님의 역사와 은혜를 입었기에, 저와 동일한 고난을 겪는 분들을 보면 믿음으로 위로하고 격려할 수 있습니다. 위로를 하는 사람은 상대방이 믿음으로 안위함을 얻고 일어서는 것을 보고, 자신도 큰 위로를 받습니다.

하나님은 위로의 하나님입니다

"찬송하리로다 그는 우리 주 예수 그리스도의 하나님이시요 자비의 아버지시요 모든 위로의 하나님이시며"(고후 1:3).

하나님은 위로의 하나님입니다. 하나님께서 당신의 자녀들을 절대로 고아처럼 내버려 두시지 않습니다. 하나님은 당신의 외아들을 아낌없이 우리에게 주셨고, 또 외아들을 믿어서 거듭난 우리들을 당신의 자녀로 삼아서 돌보시고 안위하시는 위로의 하나님입니다.

"우리가 환난 받는 것도 너희의 위로와 구원을 위함이요 혹 위로 받는 것도 너희의 위로를 위함이니 이 위로가 너희 속에 역사하여 우리가 받는 것 같은 고난을 너희도 견디게 하느니라"(고후 1:6).

사도 바울은 참으로 많은 고난을 겪은 분입니다. 그는 자기의 의를 자랑하는 자들 때문에 부득이 자기가 겪은 고난을 토로한 적이 있습니다.

"내가 수고를 넘치도록 하고 옥에 갇히기도 더 많이 하고 매도 수없이 맞고 여러 번 죽을 뻔하였으니 유대인들에게 사십에 하나 감한 매를 다섯번 맞았으며 세번 태장으로 맞고 한번 돌로 맞고 세번 파선하는데 일주야를 깊음에서 지냈으며 여러 번 여행에 강의 위험과 강도의 위험과 동족의 위험과 이방인의 위험과 시내의 위험과 광야의 위험과 바다의 위험과 거짓 형제 중의 위험을 당하고 또 수고하며 애쓰고 여러 번 자지 못하고 주리며 목마르고 여러 번 굶고 춥고 헐벗었노라"(고후 11:23-27).

말로 다할 수 없는 고난 가운데서, 사도 바울은 오직 하나님을 의지함으로써 하나님께로부터 위로를 넘치게 받았습니다. 사도 바울은 자기가 받은 하나님의 위로로 다른 이들을 위로할 수 있었습니다.

저는 자비량하며 복음을 섬기려고 기업을 운영하고 있습니다. 요즈음 코로나 19의 팬데믹으로 기업 경영에 많은 어려움이 있습니다. 우리 교회의 형제들이 저희 회사의 직원들입니다.

그래서 우리 형제들이 낙담하여 풀이 죽어 있을 때에, 저는 제가 처음 제주에 내려와서 겪었던 어려움과 그때에 하나님께서 저의 기도를 들으시고 어떻게 도와주셨는지를 간증해 주었습니다. 우리 형제들은 저의 살아 있는 간증을 듣고 힘을 얻어서 다시 일어날 수 있었습니다. 자기가 환난 중에 체험한 하나님의 위로가 있어야 어려움에 처한 형제 자매들을 믿음으로 위로할 수 있습니다.

"형제들아 우리가 아시아에서 당한 환난을 너희가 알지 못하기를 원치 아니하노니 힘에 지나도록 심한 고생을 받아 살 소망까지 끊어지고 우리 마음에 사형 선고를 받은 줄 알았으니 이는 우리로 자기를 의뢰하지 말고 오직 죽은 자를 다시 살리시는 **하나님만 의뢰하게 하심이라**"(고후 1:8-9).

모든 위로의 원천은 하나님입니다. 우리가 극한 환난이나 시련 중에서도 하나님을 의지하고 기도할 때에, 하나님께서는 피할 길을 주시고 또 우리들에게 믿음을 주셔서 고난과 시련들을 능히 뛰어넘게 하십니다. 또한 믿음으로 의의 말씀을 경험한 자들은 형제 자매들이 어려움에 처해서 일어서지 못하고 있을 때에, 능히 그들을 위로할 수 있습니다.

여러분 중에 육신적으로나 영적으로나 어려움을 겪고 절망하고 있는 분이 있습니까? 하나님의 교회와 하나님의 성도들을 가까이 하십시오. 그러면 하나님으로부터, 또 거듭난 선배 성도들로부터 위로를 넘치게 받습니다. 아무리 큰 시련과 어려움이라도 능히 극복하게 됩니다. 또한 그렇게 경험된 위로와 믿음으로 여러분은 다른 이들도 위로할 수 있게 됩니다.

생명의 삼겹 줄은 쉽게 끊어지지 않습니다

"두 사람이 한 사람보다 나음은 저희가 수고함으로 좋은 상을 얻을 것임이라 혹시 저희가 넘어지면 하나가 그 동무를 붙들어 일으키려니와 홀로 있어 넘어지고 붙들어 일으킬 자가 없는 자에게

는 화가 있으리라

두 사람이 함께 누우면 따뜻하거니와 한 사람이면 어찌 따뜻하랴 한 사람이면 패하겠거니와 두 사람이면 능히 당하나니 삼겹 줄은 쉽게 끊어지지 아니하느니라"(전 4:9-12).

마지막 때에 감당하지 못할 환난과 시련의 날들이 올 것입니다. 그때에 교회와 성도들이 함께해서 서로의 위로가 되어 줄 것입니다. 거듭난 성도들이 곁에 있어서 하나가 쓰러지면 모두 달려가서 일으켜 주고, 또 서로 보듬어 주어서 마지막 때의 극한 환난과 시련들을 능히 이기게 될 것입니다.

"한 사람이면 패하겠거니와 두 사람이면 능히 당하나니 삼겹 줄은 쉽게 끊어지지 아니하느니라"(전 4:12).

"삼겹 줄"은 하나님과 교회와 나(성도)로 엮인 줄입니다. 성도 여러분들은 거듭난 하나님의 교회에 소속되어 있다는 사실을 기뻐하고 감사해야 합니다. 하나님과 교회와 내가 온전히 결합되어 있으면, 영원한 생명에서 절대로 끊어지지 않습니다. 사단 마귀라도 우리를 하나님의 사랑에서 절대로 끊어내지 못합니다. **"누가 우리를 그리스도의 사랑에서 끊으리요 환난이나 곤고나 핍박이나 기근이나 적신이나 위험이나 칼이랴"**(롬 8:35). 하나님과 교회와 나로 엮어진 생명의 삼겹 줄은 절대로 끊어지지 않습니다.

초대교회의 성도들은 얼마나 큰 시련들을 겪었습니까? 붙잡혀서 감옥에 갇히고, 원형경기장에서 사자 밥이 되거나 화형을 당하기도 하고, 어떤 이들은 톱으로 켜는 고통까지 견뎌야 했습니다. 그러나 그들은 살아 계신 하나님과 하나님의 교회에 믿음으로 연합되어서 순교의 죽음까지도 능히 뛰어넘을 수 있었습니다. 그들의 소망은 하늘에 있었기에, 이 땅에서의 어떤 시련과 고통도 그들의 믿음을 변절시키지 못했습니다.

　우리는 세상의 마지막이 가까울수록 서로 피차에 위로하면서 보듬어 주는 위로자들이 되어야 합니다. 그래서 서로 안위함을 얻고 믿음을 지켜서 주의 나라에 모두 함께 들어갈 것입니다. 우리는 서로 격려하고 믿음을 북돋아서, 물과 피로 임하신 주님께서 우리를 모든 죄에서 구원하신 진리의 복음을 끝까지 믿음으로 지켜낼 것입니다. 거듭난 성도들은 한 명도 낙오자가 없도록 서로를 믿음으로 위로해야 합니다.

　바나바라고도 불리는 요셉은 초대교회 시대에 안디옥교회를 인도했습니다. "바나바"(Barnabas)라는 별명은 "위로의 아들"(The son of consolation)이라는 뜻입니다. 그는 자신의 별명대로 자기의 밭을 팔아서 위로와 구제에 쓰도록 사도들에게 맡기기도 했습니다.

　거듭난 우리는 바나바를 본받아서 "위로의 아들"이 되기를 사모해야 합니다. 기독교인들조차도 자기만 챙기는 이 각박한 세대 가운데, 하나님께서는 우리가 재난과 환난 중에서 먼저 하나님의 풍성한 위로를 받고, 그 위로로 우리 주변에 있는 영혼들을 믿음과 사랑으로 위로하라고 말씀하십니다.

거듭난 의인들은 그리스도의 향기입니다

"내가 그리스도의 복음을 위하여 드로아에 이르매 주 안에서 문이 내게 열렸으되

내가 내 형제 디도를 만나지 못하므로 내 심령이 편치 못하여 저희를 작별하고 마게도냐로 갔노라

항상 우리를 그리스도 안에서 이기게 하시고 우리로 말미암아 각처에서 그리스도를 아는 냄새를 나타내시는 하나님께 감사하노라

우리는 구원 얻는 자들에게나 망하는 자들에게나 하나님 앞에서 그리스도의 향기니

이 사람에게는 사망으로 좇아 사망에 이르는 냄새요 저 사람에게는 생명으로 좇아 생명에 이르는 냄새라 누가 이것을 감당하리요

우리는 수다한 사람과 같이 하나님의 말씀을 혼잡하게 하지 아니하고 곧 순전함으로 하나님께 받은 것 같이 하나님 앞에서와 그리스도 안에서 말하노라"(고후 2:12-17).

생화(生花) 그리스도인과 조화(造花) 그리스도인

생화와 조화가 어떻게 다릅니까? 생화는 향기를 발합니다. 그러나 조화는 향기가 없습니다. 세상에는 생화 같은 기독교인들이 있

고, 조화 같은 기독교인들이 있습니다. 그런데 조화처럼, 모양만 기독교인들의 수가 절대적으로 많습니다. 그들은 기독죄인들(Christian sinners)이며 거듭나지 못한 종교인들입니다.

"**물과 피로 임하신**"(요일 5:6) 예수님께서 당신 몸으로 드려 주신 "**한 영원한 제사**"(히 10:12)의 능력을 믿는 자들은 죄 사함을 받고 거룩한 의인들이 되었습니다. 거듭난 의인들은 그리스도의 향기(香氣)를 발합니다. 그들이 생화 같은 기독교인들입니다.

"**항상 우리를 그리스도 안에서 이기게 하시고 우리로 말미암아 각처에서 그리스도를 아는 냄새를 나타내시는 하나님께 감사하노라**"(고후 2:14).

"**그리스도 안**"에 있는 자란, 물과 피로 임하신 예수 그리스도를 믿어서 "**거듭난 자**"를 의미합니다. 거듭난 성도들에게서는 그리스도의 향기가 납니다. 그리스도의 생명과 사랑이 그들 안에 있기 때문입니다. 바나바와 사울(바울)이 함께 인도했던 안디옥 교회의 성도들은 외인(外人)들에게서 "**그리스도인**"이라는 아름다운 호칭을 얻었습니다. 예수님을 믿지 않는 이들이 그들의 향기로운 삶을 인정하고 그토록 아름다운 이름으로 그들을 불러주었습니다.

그런데 오늘날의 기독교인들은 세상 사람들에게 "개독교인"이라는 모멸의 이름으로 불립니다. 그것은 전적으로 우리 기독교인들의 잘못입니다. 기독교인들이 향기를 발하기는커녕 악취를 풍기고 있기 때문입니다. 그렇게 된 근본적인 이유는, 대부분의 기독교인들이 거듭나지 못한 기독죄인(基督罪人)들이기 때문입니다.

조화(造花)에는 향기가 없습니다. 생화(生花)만 아름다운 향기를 발합니다. 거듭나서 예수 그리스도의 생명이 있는 의인들은 향기를 발할 수 있습니다. 물론 거듭나서 의인(義人)이 되었다고 저

절로 향기를 발하는 것은 아닙니다. 우리 주님이 우리를 구원하신 진리의 사랑이 의인들의 마음에서 역사해서 의인들이 의의 빛을 발할 때에야 그들에게서 그리스도의 향기가 납니다. 거듭난 자라도 **"그의 나라와 그의 의"**(마 6:33)를 위해서 살지 아니하면, 그들은 그리스도의 향기를 발할 수 없습니다.

생명에 이르는 냄새와 사망에 이르는 냄새

"이 사람에게는 사망으로 좇아 사망에 이르는 냄새요 저 사람에게는 생명으로 좇아 생명에 이르는 냄새라 누가 이것을 감당하리요"(고후 2:16).

우리가 주님과 마음을 연합해서 복음의 사랑을 전파할 때에, 우리에게서 그리스도의 향기가 납니다. 그런데 어떤 자들은 이 냄새를 생명의 냄새로 여기고 따라와서 영생을 얻지만, 어떤 사람들은 이 냄새를 사망의 냄새로 여기고 기겁을 하며 도망칩니다. 그래서 그들은 영생을 얻지 못합니다.

왜 그럴까요? 왜 똑같은 냄새를 어떤 사람은 생명의 냄새로 맡고 어떤 사람은 사망의 냄새로 맡을까요?

그것은 향기를 맡는 사람의 문제입니다. 심령이 가난한 자들은 의인에게서 나는 생명의 향기를 좋은 냄새로 여기며 더 가까이 옵니다. 그런 이들은 "야, 이분들의 냄새는 굉장히 좋구나! 그들에게서 하나님의 사랑을 느낄 수 있구나!" 하고 의인들에게서 생명의 향기를 맡게 됩니다.

그런데 어떤 이들은 "어? 이상하다. 이 사람들이 전하는 말씀이 성경과는 일치하는데, 내가 이때까지 맡았던 냄새와는 전혀 다른 냄새가 나네!" 하고 도망칩니다. 기독교인들 중에는 그런 부류의 사람들이 훨씬 많습니다. 자기의 생각과 편견으로 가득 찬 사람들은 복음의 향기를 악취로 여깁니다.

부자가 천국에 들어가는 것은 낙타가 바늘귀로 들어가는 것보다 어렵습니다. 자기가 부족한 줄 모르는 사람, 즉 자기가 굉장히 의로운 줄 아는 사람들은 진리의 복음으로 생명을 얻은 의인들의 삶과 말에서 발하는 아름다운 향기를 맡지 못합니다. 그들은 의인들의 향기를 오히려 악취로 여기고 도망갑니다.

기독교인들은 마음에 죄가 있으면서도 "예수님을 믿어도 죄가 있는 게 정상이지! 그리고 혹시 죄를 지으면 회개 기도를 드려서 죄를 용서받으면 되는 거야!" 하고 생각합니다. 그들은 칭의(稱義) 교리와 회개 기도의 교리에 마취가 되어 있습니다.

혼잡케 된 교리들에 세뇌된 기독죄인들은 하나님의 사람들에게서 나는 생명의 향기를 맡고서 그것을 악취로 여기고 도망갑니다. 그러나 **"죄의 삯은 사망"**(롬 6:23)입니다. 죄가 있으면 반드시 지옥에 갑니다.

향기로운 생명의 복음

하나님께서 세우신 제사법에는, ①반드시 흠 없는 제물이 있어야 했고, ②반드시 안수로 죄를 넘겨야 했고, ③죄를 담당한 제물이 반드시 피 흘려 죽어야 했습니다.

구약의 속죄 제사는 대속죄일의 제사에서 절정을 이룹니다. 대속죄일에는 이스라엘 백성을 대표한 대제사장 아론이 숫염소의 머리에 안수해서 백성들의 일 년 치 죄를 그 염소의 머리에 넘겼습니다. 그리고 그 염소를 광야에 내버려서 죽게 함으로써 이스라엘 백성들은 죄 사함을 받았습니다.

대속죄일(大贖罪日, the Day of Atonement)의 제사는 **"장차 오는 좋은 일"**(히 10:1), 즉 하나님의 아들인 예수님께서 당신의 몸을 제물로 삼아 드리신 **"한 영원한 제사"**의 그림자였습니다(히 10:1).

예수님은 요단강에 오셔서, 인류의 대표자이자 대제사장 아론의 직계 후손인 세례 요한에게 안수의 형식으로 세례를 받으셨습니다. **"이제 허락하라 우리가 이와 같이 하여 모든 의를 이루는 것이 합당하니라"**(마 3:15) 하신 예수님의 명령을 따라서, 세례 요한은 예수님의 머리에 손을 얹었습니다. **"이와 같이 하여,"** 즉 안수의 형식으로 세례를 받으신 예수님은 **"세상 죄를 지고 가는 하나님의 어린양"**(요 1:29)이 되셨습니다.

인류의 모든 죄를 짊어지신 하나님의 어린양, 곧 예수님은 어디로 가셨습니까? 예수님은 십자가로 가셔서 못 박히시고 피를 흘려 돌아가셨습니다. 주님은 **"다 이루었다"** 하시기까지 당신의 보혈을 흘려서 우리의 죗값을 완전히 지불하시고 돌아가셨습니다. 그리고 무덤에 묻히셨다가 제삼 일에 부활하셨습니다.

예수님께서 받으신 세례와 십자가의 피로 드리신 **"한 영원한 제사"**(히 10:12)를 믿는 사람은 흰 눈같이 죄 사함을 받고 죄가 전혀 없는 의인이 됩니다. 우리는 부족하고 연약해서 죄를 지을지라도, 그 죄는 예수님께서 받으신 세례로 이미 예수님께 넘어간 죄입니다. 그리고 주님께서 십자가에 못 박혀서 흘리신 피로 우리의 모든 죄를 이미 깨끗하게 갚아 놓으셨습니다.

기독죄인(基督罪人)들은 죄를 지을 때마다 회개 기도를 드리면,

그 죄를 용서받는다고 믿습니다. 그래도 그들은 마음에 죄가 있기에, "나는 구원받은 죄인입니다"라고 고백합니다. 그런 고백은 "나는 물에서 건져졌지만, 아직 물에 빠져서 허덕이고 있다"라는 말과 같이, 앞뒤가 맞지 않는 주장입니다. 하나님 말씀은 그렇게 혼란스럽지 않습니다.

거듭나지 못한 영적 소경들이 선생질을 하면, 그들은 하나님 말씀을 매우 혼잡하게 만듭니다. 그들의 말을 들어보면, 구원을 받는다는 것이 너무나 어렵고 복잡합니다. 신학교에서 가르치는 구원론(救援論)을 들여다보면, 정상적인 사람은 머리가 깨집니다. 7단계 구원론, 10단계 구원론, 칭의 구원, 성화 구원, 영화 구원 등등 다양한 주장들이 신학이라는 이름으로 난무합니다.

진리는 혼란스럽거나 복잡하지 않습니다. 그런 단계적 구원론은 성경에 없는 주장들입니다. 진리의 복음을 믿으면 우리는 단번에 거룩하게 되고, 의롭게 되고, 영화롭게 됩니다. 진리는 단순하고 명료합니다. 진리의 복음을 믿으면 단번에 죄 사함 받고 거룩한 의인으로 거듭납니다. 진리가 우리를 자유하게 합니다. 이것이 하나님의 뜻입니다.

"내가 거룩하니 너희도 거룩할찌어다"(레 11:45).

"이 뜻을 좇아 예수 그리스도의 몸을 단번에 드리심으로 말미암아 우리가 거룩함을 얻었노라"(히 10:10).

희생의 제사를 드려 주신 분은 예수님인데, 거룩함을 얻은 자들은 진리의 복음을 믿는 우리들입니다. 예수님께서 드리신 **"한 영원한 제사"**(히 10:12)가 믿는 우리를 영원히 거룩하게 만들어 주었습니다.

향기를 발하는 의인의 삶

레위기 11장에는 음식물 규례가 기록되어 있습니다. 하나님께서는 수중(水中) 생물 중에서 비늘과 지느러미가 있는 물고기를 먹으라고 말씀하셨습니다. 비늘은 영적으로 의의 갑옷을 의미합니다. 또 지느러미는 세상의 풍조에 휩쓸려 떠내려가지 않고, 오히려 그것을 거슬러서 맑은 물을 찾아 올라가는 성도의 삶을 의미합니다. 거듭난 의인들은 하나님께서 우리들에게 주신 의의 갑옷을 입고, 세상을 좇아가려는 자기의 욕망을 부인합니다. 그래서 의인들은 세상의 풍조와 자기의 욕망을 부인하고 하나님의 말씀만을 좇아갑니다.

그와 반대로 비늘이 없고 지느러미가 없는 물고기들은 세상의 풍조를 좇는 죄인들을 상징합니다. 거듭나지 못한 기독죄인들도 죄인의 무리에 포함됩니다. 그들은 어두운 곳을 좋아하고, 밝고 맑은 물을 싫어합니다. 거듭난 종들이 궁창 위의 물과 같이 순수한 말씀을 전해 주면, 그들은 싫어합니다. 그들은 컴컴한 바위 밑에 숨기를 좋아하고, 맑은 물을 찾기보다는 구정물에 휩쓸려서 떠내려가기를 좋아합니다.

아담과 하와가 범죄하고서 동산 숲속에 숨었던 것처럼, 죄인들은 많은 무리 속에 숨어 있으면 안도감을 느낍니다. 기독죄인들은 대형교회의 수많은 교인들 가운데 숨어서, 자기들의 욕망을 만족시켜 주는 달콤한 설교 말씀을 들으며 안도합니다.

그들은 "설마 이 많은 사람이 다 지옥에 갈까?" 하고 생각합니다. 그런데 기억하십시오. 죄가 있으면 반드시 지옥에 갑니다. 멸망으로 이르는 문은 크고 그 길이 넓어서 그리로 찾는 자가 많습니다. 생명으로 이르는 문은 작고 그 길이 좁아서 그 길을 찾는 자가 매우 적습니다.

거듭나지 못한 기독죄인들은 생화(生花)가 아닙니다. 경건의 모양만 내는 조화(造花)는 결코 향기를 발할 수 없습니다. 거듭난 의인인 우리는 그리스도의 향기입니다. 우리 안에 생명이 있고 예수 그리스도의 말씀이 살아 있어서 은은한 향기를 발합니다. 여러분은 그리스도의 향기를 발하고 있습니까? 스스로 진솔하게 자문해 보시기를 바랍니다.

우리는 진리의 원형복음을 믿습니다. 우리는 주님께서 사도들과 제자들에게 주셨던 **"성경대로의 복음"**(고전 15:3-4)을 믿습니다. 우리가 복음 전파를 위해서 우리의 삶을 드릴 때에, 우리에게서 그리스도의 향기가 납니다.

여러분이 원형(原形)의 복음을 믿어서 거듭났다면, 이제는 여러분들에게서 그리스도의 향기가 발하고 있는지 자문하기를 바랍니다.

우리가 전파하는 **"물과 피의 복음"**(요일 5:6)을 많은 이들이 믿어서, 그들도 우리와 함께 그리스도의 향기를 발하고 후에는 함께 천국의 영생을 누리게 되기를 바랍니다.

새 언약의 일꾼 될 자격

"우리가 다시 자천하기를 시작하겠느냐 우리가 어찌 어떤 사람처럼 천거서를 너희에게 부치거나 혹 너희에게 맡거나 할 필요가 있느냐

너희가 우리의 편지라 우리 마음에 썼고 뭇사람이 알고 읽는 바라

너희는 우리로 말미암아 나타난 그리스도의 편지니 이는 먹으로 쓴 것이 아니요 오직 살아 계신 하나님의 영으로 한 것이며 또 돌비에 쓴 것이 아니요 오직 육의 심비에 한 것이라

우리가 그리스도로 말미암아 하나님을 향하여 이같은 확신이 있으니

우리가 무슨 일이든지 우리에게서 난것 같이 생각하여 스스로 만족할 것이 아니니 우리의 만족은 오직 하나님께로서 났느니라

저가 또 우리로 새 언약의 일군 되기에 만족케 하셨으니 의문으로 하지 아니하고 오직 영으로 함이니 의문은 죽이는 것이요 영은 살리는 것임이니라"(고후 3:1-6).

새 언약은 진리의 복음, 즉 우리를 거듭나게 한 **"물과 피의 복음"**을 의미합니다. 그 원형의 복음을 믿고 전파하는 일꾼의 자격은 무엇입니까?

사도 바울은 새 언약의 일꾼으로 자신의 삶을 주님께 드렸지만, 그를 괴롭히던 자들은 그의 사도적 자격을 늘 문제 삼았습니다. 특별히 예루살렘의 사도들에게서 천거서(薦擧書)를 받아왔노라고 자랑하던 자들은 사도 바울이 복음을 전해서 세워 놓았던 이방 지역

의 교회들에 찾아와서 바울을 음해했습니다.

그들이 진리의 복음을 온전히 믿고 전파했다면 무슨 문제가 있겠습니까? 그들은 거짓된 교훈을 가지고 와서, 하나님의 교회를 요동하게 하고 성도들의 믿음의 터를 흔들었습니다. 그들 중에는 할례주의자와 같이 율법의 누룩이 섞인 교훈을 퍼뜨리는 자들도 있었습니다. 그래서 바울은 그런 자들로부터 성도들을 지키기 위해서, 복음의 일꾼들이 갖춰야 할 자격은 천거서(薦擧書)로 얻는 것이 아니라고 선언합니다.

"우리가 다시 자천하기를 시작하겠느냐 우리가 어찌 어떤 사람처럼 천거서를 너희에게 부치거나 혹 너희에게 맡거나 할 필요가 있느냐"(고후 3:1).

사도 바울은 예수님께서 사도로 세운 하나님의 종입니다. 그는 다메섹 도상에서 부활하신 주님을 만나서 거듭난 후에, 자기보다 먼저 세워진 사도들을 찾아가서 교제하지 않았고, 아라비아로 갔다가 다시 고향 다소(Tarsus)로 가서 칩거했습니다. 후에 바나바가 바울을 찾아와서 권고함으로, 그들은 함께 안디옥 교회에서 복음을 섬겼습니다. 그의 사도적 권위는 전적으로 하나님께로부터 온 것입니다.

"사람들에게서 난 것도 아니요 사람으로 말미암은 것도 아니요 오직 예수 그리스도와 및 죽은 자 가운데서 그리스도를 살리신 하나님 아버지로 말미암아 사도 된 바울은"(갈 1:1)이라고 시작한 갈라디아서를 통해서, 우리는 바울이 오직 하나님께로부터 세움을 받은 그리스도의 사도라는 사실을 확인할 수 있습니다.

목사의 자격

우리에게 어떤 천거서(薦擧書)가 있어야 하나님의 말씀을 전하는 자격을 얻는 것이 아닙니다. 오늘날의 교회로 치면, 목사의 직분이 신학교 졸업장이나 교단의 헌법에 규정된 목사 시험에 합격해야 된다는 것이 아니라는 말입니다. 감독(목사)의 직분에 합당한 자격이 무엇인지에 대해서는 바울의 목회 서신에 기록되어 있습니다.

"내가 너를 그레데에 떨어뜨려 둔 이유는 부족한 일을 바로잡고 나의 명한 대로 각 성에 장로들을 세우게 하려 함이니 책망할 것이 없고 한 아내의 남편이며 방탕하다 하는 비방이나 불순종하는 일이 없는 믿는 자녀를 둔 자라야 할찌라 감독은 하나님의 청지기로서 책망할 것이 없고 제 고집대로 하지 아니하며 급히 분내지 아니하며 술을 즐기지 아니하며 구타하지 아니하며 더러운 이를 탐하지 아니하며 오직 나그네를 대접하며 선을 좋아하며 근신하며 의로우며 거룩하며 절제하며 미쁜 말씀의 가르침을 그대로 지켜야 하리니 이는 능히 바른 교훈으로 권면하고 거스려 말하는 자들을 책망하게 하려 함이라"(딛 1:5-9).

목사(감독, 장로)는 첫째로 원만하고 모범적인 인품의 사람이어야 합니다. 사회적으로 지탄을 받는 인물이 어떻게 하나님의 말씀으로 사람들을 올바르게 인도할 수 있겠습니까? 그러나 인품만 갖췄다고 목사의 자격에 합당한 것은 아닙니다.

목사의 가장 중요한 자격 요건은 그가 거듭난 의인(義人)이어야 한다는 사실입니다. "선을 좋아하며 근신하며 의로우며 거룩하며 절제하며 미쁜 말씀의 가르침을 그대로 지켜야 하리니" 하신 말씀이 그런 뜻입니다. 목사는 죄인들을 의인으로 거듭나게 하는 그리스도의 사역자입니다. 부활하신 예수님께서 베드로에게 "내 양을 먹이라" 또는 "내 양을 치라"라고 말씀하셨습니다. 그러한 직분을 잘 준행하려면, 자신이 먼저 죄 사함을 받고 의인이 되어야 합니다.

우리는 "목사의 직분, 즉 새 언약의 직분은 무엇인가? 어떤 자가 새 언약의 직분에 합당한가?" 하는 부분을 심각하게 고민해 봐야 합니다. 사회적 통념은 "목사가 되려면 ①신학대학을 졸업하고, ②목사 고시를 패스해서 안수를 받아야 하고, ③교회를 개척하거나 청빙(請聘)을 받아야 한다"라는 것입니다. 이 세 가지가 목사의 3대 요건이라고 오늘날의 기독교는 주장합니다.

그런데 사도 바울이 신학대학을 졸업했습니까? 베드로가 목사 고시에 합격했습니까? 성경은 가장 중요한 목사(감독)의 자격에 대해서, **"미쁘다 이 말이여, 사람이 감독의 직분을 얻으려 하면 선한 일을 사모한다 함이로다"**(딤전 3:1) 하고 말씀합니다.

"선한 일"(a good work)이 무엇이겠습니까? "선한 일이란 가난한 사람들에게 먹을 것과 입을 것을 주고 소외된 사람들을 위로하고 자기를 희생해서 불쌍한 사람들에게 온정을 베푸는 것"이라고 사람들은 통념적으로 생각합니다.

그런데 성경에서 말씀하시는 **"선한 일"**은 그런 것이 아닙니다. 육신적으로 사랑을 베푸는 일도 귀한 일이지만, 죄인들이 죄 사함을 받고 영생을 얻게 하는 일보다 더 아름답고 선한 일은 없습니다.

"우리는 그의 만드신 바라 그리스도 예수 안에서 선한 일을 위하여 지으심을 받은 자니 이 일은 하나님이 전에 예비하사 우리로 그 가운데서 행하게 하심이니라"(엡 2:10).

하나님께서 가장 선하게 여기시는 일은 "지옥에 갈 수밖에 없는 죄인들을 거듭나게 해서 영생의 천국에 들여보내는 일"입니다. 길거리에서 만난 거지에게 빵을 먹여 주고 헐벗은 이들에게 옷을 입혀 주는 일도 선한 일이지만, 그것은 잠시 육신적으로만 그들에게 도움이 되는 선행(善行)입니다.

캘커타의 성녀(聖女)라고 칭송받는 마더 테레사 수녀는 길거리에서 죽어 가는 사람들을 자기 시설에 수용해서 돌보아 주었습니다. 테레사는 그들이 평안한 임종을 맞게 하는 사역(Hospitality Ministry)을 평생 감당했습니다. 참으로 귀한 사역입니다. 그런데 만약 그분의 사역이 노숙자들을 육신적으로 섬기는 수준에서 끝났다고 하면, 그것은 하나님 보시기에는 그다지 선한 일은 아닙니다.

어떤 노숙인을 시설에 데리고 와서 삼 일 동안 잘 돌봐 주었습니다. 그래서 그분은 미소를 지으며 편안한 마음으로 눈을 감았다고 칩시다. 그 사람은 죄 사함을 받지 못하고 죽었습니다. 그러면 그는 지옥에 갔습니다. 냉정하게 말하자면, 그런 선행은 삼 일 전에 지옥에 갈 사람을 삼 일 후에 지옥으로 보내 준 것에 불과합니다.

어떤 노숙자를 따듯하게 돌봐서 그가 기운을 차리고 정신이 돌아왔을 때에 그에게 진리의 복음을 전해서 거듭나게 했다면, 그것이 하나님께서 가장 기뻐하시는 선한 일입니다. 성경이 말씀하는 선한 일은 죄인을 거듭나게 해서 결코 정죄함이 없는 하나님 백성으로 만들어 주는 일입니다.

그런데 영혼들을 거듭나게 인도하는 **"선한 일"**을 누가 할 수 있습니까? 그 일은 거듭난 하나님의 종들만 할 수 있습니다. 자기가 여전히 죄가 있는 영적 소경이라면, 어떻게 다른 소경들을 빛으로 인도할 수 있겠습니까?

누구든지 목사의 직분이나 감독의 직분을 수행하려고 하면, 자신이 먼저 거듭나야 됩니다. 거듭나지 않은 자들이 목사의 직분을 차지하고 선생질을 하고 있기 때문에 기독교가 개독교라는 비난을 받게 된 것입니다.

모든 사물에는 존재 이유가 있습니다. 목사의 존재 이유는 영혼들을 거듭나게 하고 또 거듭난 영혼들을 잘 양육하고 다스려서 그들도 하나님의 의를 전하다가 천국에 들어가게 인도하는 것입니다.

그러기 위해서 거듭난 의인이라야 기본적으로 목사의 자격이 있습니다. 그리고 사람이 의인으로 거듭나려면 반드시 **"물과 피의 복음"** 즉 진리의 원형복음(原形福音)을 믿어야 합니다. 십자가의 피만의 복음으로는 절대로 거듭나지 못합니다. 반쪽짜리 복음을 믿는 자들은 결코 기독죄인(基督罪人)의 처지를 벗어날 수 없습니다.

참된 천거서는 거듭난 제자들입니다

"너희가 우리의 편지라"(고후 3:2).

어떤 이에게서 말씀을 듣고서 거듭난 제자들이 생겨났으면, 그것이 바로 그가 하나님의 종이라고 증거하는 천거서(薦擧書)입니다. **"나무는 각각 그 열매로 아나니 가시나무에서 무화과를, 또는 찔레에서 포도를 따지 못하느니라"**(눅 6:44)는 주님의 말씀이 그런 뜻입니다. 목사의 조건은 첫째 자신이 죄 사함을 받고 거듭나야 하고, 둘째로 그에게서 말씀을 듣고 거듭난 제자들이 일어나야 합니다. 이것이 목사의 필요충분조건입니다.

거듭난다는 것은 죄인이 진리의 복음을 믿어서 의인으로 변화되는 역사입니다. 아직까지 마음에 죄가 있는 기독죄인들은 목사든 감독이든 총회장이든 하나님 앞에서 자기가 거듭나지 못한 자라는 사실을 정직하게 인정하고, 신앙생활을 새롭게 시작해야 됩니다. 새 언약의 일꾼은 거듭난 의인만이 될 수 있기 때문입니다.

"영접하는 자 곧 그 이름을 믿는 자들에게는 하나님의 자녀가 되는 권세를 주셨으니 이는 혈통으로나 육정으로나 사람의 뜻으로 나지 아니하고 오직 하나님께로서 난 자들이니라"(요 1:12-13).

"내가 예수 그리스도를 나의 구주로 영접합니다" 하고 영접 기도를 드리면 하나님께로서 난 자가 됩니까? 기독교인 중에는 그런 영접 기도를 수없이 한 이들이 대부분입니다. 그런데도 그들의 마음에는 죄가 그저 있습니다.

마음에 죄가 있는 기독죄인(基督罪人)들은 영적 소경들입니다. 그런데 그들은 자기가 영적인 소경인 줄 인정하지 않기 때문에 죄 사함을 받지 못합니다. 예수님께서는 그런 자들에게, **"너희가 소경 되었더면 죄가 없으려니와 본다고 하니 너희 죄가 그저 있느니라"**(요 9:41)고 책망하셨습니다.

"죄의 삯은 사망"(롬 6:23)입니다. 누구든지 죄가 있으면 지옥에 갑니다. 당신이 비록 목사 안수를 받아서 목사의 직임을 행하고 있더라도, 당신의 마음에 아직 죄가 있다면, "하나님, 저는 거듭나지 못한 죄인입니다. 저를 구원해 주십시오" 하고 정직하게 하나님 앞에 인정하며 간구해야 합니다.

기독죄인들은, "하나님, 저는 죄가 있습니다. 어떻게 하면 '**너희 죄가 주홍 같을찌라도 눈과 같이 희어질 것이요 진홍 같이 붉을찌라도 양털 같이 되리라**' 하신 말씀이 제게도 이루어지겠습니까?" 하고 간절히 하나님께 무릎을 꿇으십시오. 그러면 주님께서 진리의 원형복음으로 당신을 만나 주십니다.

오늘 우리는 "새 언약의 일꾼 되는 자격은 무엇인가?" 하는 부분에 말씀을 상고했습니다. 당신이 새 언약의 일꾼이 되기를 원한다면, 먼저 **"물과 피의 복음"**을 믿어서 거듭나야 합니다. 그리고 진리의 복음으로 영혼들을 구원하는 **"착한 일"**에 자신을 드리기로 마음을 정해야 합니다.

저는 새 언약의 일꾼들이 전 세계에서 무수히 일어나기를 간절히 바랍니다. 그래서 거듭난 이들이 마음을 연합해서 주님께서 기뻐하시는 **"화목하게 하는 직책"**(고후 5:18)을 감당하게 되기를 바랍니다.

하나님의 말씀을 혼잡케 하지 말라

"이러하므로 우리가 이 직분을 받아 긍휼하심을 입은 대로 낙심하지 아니하고

이에 숨은 부끄러움의 일을 버리고 궤휼 가운데 행하지 아니하며 하나님의 말씀을 혼잡케 아니하고 오직 진리를 나타냄으로 하나님 앞에서 각 사람의 양심에 대하여 스스로 천거하노라

만일 우리 복음이 가리웠으면 망하는 자들에게 가리운 것이라

그 중에 이 세상 신이 믿지 아니하는 자들의 마음을 혼미케 하여 그리스도의 영광의 복음의 광채가 비취지 못하게 함이니 그리스도는 하나님의 형상이니라

우리가 우리를 전파하는 것이 아니라 오직 그리스도 예수의 주 되신 것과 또 예수를 위하여 우리가 너희의 종 된 것을 전파함이라

어두운 데서 빛이 비취리라 하시던 그 하나님께서 예수 그리스도의 얼굴에 있는 하나님의 영광을 아는 빛을 우리 마음에 비취셨느니라"(고후 4:1-6).

사도 바울은 자기가 **"하나님의 말씀을 혼잡케 아니"**했다고 선포했습니다. 당시에 하나님의 말씀을 혼잡케 하는 무리들이 사도 바울의 사역을 훼방하는 큰 걸림돌이었습니다.

하나님 말씀은 단순하고 명료합니다. 하나님 말씀은 어렵지도 복잡하지도 않습니다. 그런데 거듭나지 못한 영적 소경들이 하나님의 말씀을 혼잡케 했기 때문에, 기독교인들은 하나님의 말씀이 어렵다고 말합니다. 거짓 선지자들이 하나님의 말씀을 제멋대로 해석

하기 때문에, 그 결과 오늘날의 기독교인들은 성경 말씀을 제대로 이해하지도 믿지도 못하게 되었습니다. 또한 세상 사람들에게서는 "성경은 코에 걸면 코걸이, 귀에 걸면 귀걸이"라는 비난을 받고 있습니다.

요즈음 신○○라는 이단의 무리가 우리 사회에 큰 해악을 끼치고 있습니다. 그들은 기성 교회에 잠입해서 말씀에 확신이 없는 신자들을 꼬드기고, 자기들이 은밀하게 운영하는 "복음방"으로 인도한답니다. 자기들의 바람잡이들이 상당수 포함된 복음방에서 나름대로 체계화시킨 성경 공부를 마치면, 그 불쌍한 먹잇감들을 다시 "센터"라는 곳으로 인도한답니다. 물론 "센터"에도 자기 식구들이 절반 이상 포함되어서, 유인된 기독교인들을 자기들의 교리로 완전히 세뇌시킵니다. 결국 그들은 파탄적 이단에 빠지게 되고 가정도, 직장도, 학교도 버리게 됩니다.

왜 기독교 안에 이런 종류의 파탄적 이단의 무리가 창궐하게 되었습니까? 그것은 기존의 교회들이 하나님의 말씀을 제대로 가르쳐 주지 못하고, 오히려 혼잡하게 날조한 교리로 하나님의 말씀을 해석하고 신도들에게 가르쳐 왔기 때문입니다.

단순 명료한 하나님의 말씀

1-1=0인 것처럼, 하나님의 말씀은 진리이기에 단순하고 명료합니다. 우리는 근본 죄인으로 태어나서 평생에 죄만 짓다가 지옥에 갈 수밖에 없는 죄 덩어리들인데, 육신을 입고 오신 하나님의 아들 예수 그리스도께서 받으신 세례와 흘리신 십자가의 피로 우리의 모든 죄를 없애 주셨습니다.

그래서 주님께서 드려 주신 **"한 영원한 제사"**(히 10:12)를 믿는 이들은 결코 정죄함이 없는 의인으로 거듭납니다. 하나님 말씀은 결코 어렵거나 복잡하지 않습니다. 1-1=0인 것처럼, 예수님을 제대로 믿으면 결코 정죄함이 없는 의인으로 거듭나는 것이 당연합니다.

그런데 오늘날의 교회들에서 가르치는 하나님의 말씀은 왜 그토록 어렵고 혼잡하게 되었습니까? 거듭나지 못한 자들이 하나님의 종의 자리에 앉아서 선생질을 해 왔기 때문입니다. 소경이 소경을 인도하면 둘 다 구덩이에 빠지게 마련입니다. 어디가 바른 길인지를 자기도 모르는 소경이 어떻게 다른 소경들을 올바른 길로 인도하겠습니까? 필경은 둘 다 지옥으로 떨어집니다.

칭의론(稱義論)이라는 작위적(作爲的) 단춧구멍

성경은 "그러므로 이제 그리스도 예수 안에 있는 자에게는 결코 정죄함이 없다"(롬 8:1)라고 말씀합니다. 그런데 기독교인들은 "나는 구원받은 죄인입니다" 하고 고백합니다. 그 이유는 그들이 **"물과 피로 임하신"**(요일 5:6) 예수 그리스도의 복음이 아니라, 십자가의 피로만 이루어진 반쪽짜리 복음을 믿기 때문입니다. 그런 이들은 기독죄인(基督罪人)으로 남아 있을 수밖에 없습니다. 믿음의 첫 단추가 잘못 끼워졌으니, 나머지 단추들은 전자동으로 잘못 끼워질 수밖에 없습니다. 아무리 열심을 다해서 하나님을 믿어도, 그들은 결국 죄인으로 남게 됩니다.

그래서 기독교는 "칭의론"(稱義論)이라는 교리의 단춧구멍을 추가로 뚫었습니다. 칭의론이란, "너희가 죄는 있지만 예수님의 보혈을 믿으니, 하나님께서 너희를 **의롭다고 불러 주신다**"라는 주장입니다. 하나님은 결코 죄인을 의롭다고 부르시지 않습니다. 하나님은 진리의 복음, 즉 **"물과 피의 복음"**을 믿어서 실제로 흰 눈같이 죄 사함을 받은 이들만 "의인"이라고 불러 주십니다.

칭의론(稱義論)은 부득불 회개 기도의 교리와 성화 교리(聖化敎理)를 불러왔습니다. 기독죄인(基督罪人)들이 마음의 죄를 해결할 방법이 필요했기 때문입니다. 그런데 눈물로 회개 기도를 드리면 정말 죄가 없어집니까? 결코 그렇지 않습니다.

죄는 피, 곧 생명으로만 갚아집니다. 우리의 구원자인 예수님께서 받으신 세례로 우리의 모든 죄를 담당하시고 십자가에서 대속의 피를 흘려 주셨다는 **"물과 피의 복음"**을 우리는 믿습니다. 그 믿음으로 우리의 모든 죄가 흰 눈같이 씻어졌습니다.

그런데 기독죄인(基督罪人)들은 진리의 복음이 아닌 반쪽짜리 복음을 믿고 있기 때문에, 즉 첫째 구멍을 잘못 끼워 놓았기 때문에, 예수님을 믿고도 죄인으로 남게 되었습니다. 그리고 그들은 하나님의 말씀을 혼잡케 하는 많은 교리들을 차례대로 만들었습니다.

그들은 구원의 확신이 없기 때문에 "단계적(段階的) 구원론"이라는 구원의 교리도 만들어 냈습니다. 기독죄인들은 크게 "칭의 구원-성화 구원-영화 구원"이라는 단계적-점진적(漸進的) 구원론을 믿습니다. 어떤 이들은 이것을 더 세분해서 7단계 구원론이나 9단계 구원론, 또는 10단계 구원론을 주장합니다. 하나님의 말씀은 이렇게 점점 더 혼잡하게 되었습니다.

그러나 성경은 그렇게 말씀하지 않습니다. "또 미리 정하신 그들을 또한 부르시고 부르신 그들을 또한 의롭다 하시고 의롭다 하신 그들을 또한 영화롭게 하셨느니라"(롬 8:30). 우리가 진리의 복음을 믿을 때에, 우리는 단번에 모든 죄의 사함을 받아 의인이 되는 구원을 받고, 단번에 하나님의 자녀가 되는 영광을 얻습니다.

"행함이 없는 믿음은 죽은 것이니라"라는 말씀에 대한 오해

기독죄인들은 "행함이 없는 믿음은 죽은 것이니라"라는 야고보서의 말씀을 잘못 이해하고 있습니다. 입술로는 "오직 은혜로 구원을 얻는다"라고 고백하지만, 그들은 마음의 죄 때문에 결국 자신의 "선한 행위"로 구원의 증거를 삼으려고 합니다.

"이로 보건대 사람이 행함으로 의롭다 하심을 받고 믿음으로만 아니니라 또 이와 같이 기생 라합이 사자를 접대하여 다른 길로 나가게 할 때에 행함으로 의롭다 하심을 받은 것이 아니냐 영혼 없는 몸이 죽은 것 같이 행함이 없는 믿음은 죽은 것이니라"(약 2:24-26).

이 말씀의 진의(眞意)는 "참된 믿음에는 행함이 수반된다"라는 뜻입니다. 다시 말하자면, "하나님께서는 입술로만 말씀을 믿는다고 고백하고 그 말씀을 준행하지 않는 믿음을 참된 믿음으로 인정하지 않는다"라는 뜻입니다.

참된 믿음에는 행위가 뒤따릅니다. 예를 들어서, 우리나라의 대통령이 KBS 같은 공영 TV 방송에 나와서, "국민 여러분, 코로나19로 인해서 일시적으로 국가 재정이 매우 어려우니, 여러분이 여유 자금을 국가에 잠시 빌려 주시면, 한 달 후에 두 배로 상환해 드리겠습니다" 하고 발표했다고 칩시다. 예를 들자면, 지금 천만 원을 지정된 은행에 예치해 주면, 한 달 후에 이천만 원을 되돌려

주겠다고 대통령이 대국민 담화를 했다고 하면, 여러분은 대통령의 말을 믿겠어요, 안 믿겠어요? 저는 믿습니다. 그래서 정부가 지정한 은행에 가서 천만 원을 예탁할 것입니다. 누구의 말을 진정으로 믿으면, "행위"가 뒤따르는 법입니다.

그런데 만일 어떤 무명인(無名人)이 TV에 나와서 같은 말을 했다면, 여러분은 그의 말을 믿겠습니까? 우리는 그 사람의 말을 신뢰할 수 없기에, 그 사람이 지정한 은행의 계좌에 입금을 하지 않을 것입니다.

참된 믿음에는 행함이 따릅니다. 하나님의 말씀을 온전히 믿으면, 우리는 그 말씀에 순종합니다. 저는 물과 피의 복음으로 거듭난 후에, **"너희는 먼저 그의 나라와 그의 의를 구하라 그리하면 이 모든 것을 너희에게 더하시리라"**(마 6:33)는 말씀을 온전히 믿습니다. 그래서 제가 아무리 어려워도 그의 나라와 그 의를 구하는 일을 최우선으로 준행합니다.

거듭난 의인이라야 하나님의 도를 준행할 수 있습니다

하나님의 말씀은 어렵거나 복잡하지 않습니다. 성경은 너무 난해(難解)해서 몇 년간 신학교에 다니며 공부를 해야만 깨달을 수 있는 것이 아닙니다. 성경의 말씀은 아주 단순하고 명료해서, 어린아이와 같이 순수한 마음만 있으면, 누구든지 이해하고 믿어서 거듭날 수 있습니다.

그런데 거듭나지 못한 영적 소경들이 선생의 자리에 앉아서 성경을 억지로 풀고는 잘못 가르치고 있기 때문에 하나님 말씀이 혼잡하게 된 것입니다.

　예수님께서 인류의 대표자인 세례 요한에게 안수의 형식으로 받으신 세례로 세상의 모든 죄를 단번에 짊어지셨습니다. **"이와 같이 하여"**(마 3:15), 즉 안수의 방식으로 세례를 받으셔서, **"세상 죄를 지고 가는 하나님의 어린양"**(요 1:29)이 되신 예수님은 십자가의 피로 인류의 모든 죄를 대속(代贖)하셨습니다. 1-1=0인데, 영적 소경들은 1-1=1이라고 강변하려고 하니, 온갖 거짓말을 지어내서 하나님의 말씀을 혼잡하게 만들었습니다.

　고린도교회에 거듭나지 못한 자들이 들어와서 하나님의 말씀을 혼잡케 한 결과, 고린도의 교인들은 믿음에서 떠나갔습니다. 이와 같이 오늘날의 교회에도 영적 소경들이 선생의 자리에 앉아서 하나님의 말씀을 혼잡하게 하고 있습니다. 그들은 **"죽지 아니할 영혼을 죽이고"**(겔 13:19) 있습니다.

　예수님을 믿어도 죄가 있는 것이 맞습니까? 아닙니다. 기독죄인(基督罪人)들은 예수님을 잘못 믿고 있는 것입니다. **"만일 우리가 그리스도 안에서 의롭게 되려 하다가 죄인으로 나타나면 그리스도께서 죄를 짓게 하는 자냐 결코 그럴 수 없느니라"**(갈 2:17)고 기록되어 있습니다.

　하나님께서 우리에게 주신 복음은 어두움을 단번에 몰아내는 빛의 복음인데, 기독교인들이 온전하지 않은 반쪽짜리 복음을 믿고 있기 때문에, 죄 사함을 받지 못하고 기독죄인(基督罪人)으로 남게 되었습니다.

　하나님의 도는 완전하고 순결합니다. 하나님의 말씀은 단순하고 명백한 진리입니다. 하나님의 말씀은 결코 이해하기 어려운 것이 아닙니다. 그래서 거듭난 의인들은 하나님의 도를 믿음으로 행할 수 있습니다.

"누가 지혜가 있어 이런 일을 깨달으며 누가 총명이 있어 이런 일을 알겠느냐 여호와의 도는 정직하니 의인이라야 그 도에 행하리라 그러나 죄인은 그 도에 거쳐 넘어지리라"(호 14:9).

거듭난 자녀들, 즉 죄 사함을 받은 의인들은 하나님의 의의 도(道)를 따라갈 수 있습니다. 거듭난 자는 누가 하나님의 종이고 누가 거짓 선지자인지, 어디가 길이고 어디가 구렁텅이인지를 잘 압니다. 그래서 의인들은 멸망의 구렁텅이를 피할 수 있습니다. 진리의 복음으로 거듭난 성도들은 말씀을 혼잡케 하는 파탄적 이단의 무리에 빠지지 않습니다. 그러나 죄인들은 하나님의 도에 거쳐 넘어집니다.

저는 거듭나지 못하고 목사의 직임을 하는 분들이 제발 진리의 복음으로 돌아와서 죄 사함을 받고 거듭나기를 바랍니다. 그들도 영의 눈을 뜨고서 명료하고 쉬운 하나님의 말씀을 밝히 깨닫게 되기를 바랍니다. 그래서 진정 하나님의 말씀으로 영혼들을 살리는 하나님의 종들이 되시기를 간절히 바랍니다.

거듭난 우리는
새로운 피조물입니다

"그리스도의 사랑이 우리를 강권하시는도다 우리가 생각건대 한 사람이 모든 사람을 대신하여 죽었은즉 모든 사람이 죽은 것이라

저가 모든 사람을 대신하여 죽으심은 산 자들로 하여금 다시는 저희 자신을 위하여 살지 않고 오직 저희를 대신하여 죽었다가 다시 사신 자를 위하여 살게 하려 함이니라

그러므로 우리가 이제부터는 아무 사람도 육체대로 알지 아니하노라 비록 우리가 그리스도도 육체대로 알았으나 이제부터는 이같이 알지 아니하노라

그런즉 누구든지 그리스도 안에 있으면 새로운 피조물이라 이전 것은 지나갔으니 보라 새것이 되었도다

모든 것이 하나님께로 났나니 저가 그리스도로 말미암아 우리를 자기와 화목하게 하시고 또 우리에게 화목하게 하는 직책을 주셨으니

이는 하나님께서 그리스도 안에 계시사 세상을 자기와 화목하게 하시며 저희의 죄를 저희에게 돌리지 아니하시고 화목하게 하는 말씀을 우리에게 부탁하셨느니라

이러므로 우리가 그리스도를 대신하여 사신이 되어 하나님이 우리로 너희를 권면하시는 것 같이 그리스도를 대신하여 간구하노니 너희는 하나님과 화목하라

하나님이 죄를 알지도 못하신 자로 우리를 대신하여 죄를 삼으

신 것은 우리로 하여금 저의 안에서 하나님의 의가 되게 하려 하심이니라"(고후 5:14-21).

우리의 비참한 실존과 하나님의 구원의 사랑

모든 사람은 범죄한 첫 사람 아담에게서 태어났기 때문에, 태어날 때부터 죄를 가지고 태어났습니다. 죄의 인자(因子)를 가득 품고 태어난 우리는 누구나 평생 동안 죄를 쏟아 내면서 살게 되어 있습니다. 이것이 우리의 비참한 실존적 운명인데, 하나님께서 우리를 불쌍히 여기셔서 죄 없게 만들어 주시려고 당신의 외아들을 육신으로 이 땅에 보내 주셨습니다.

예수님은 육신을 입고 오신 성자(聖子) 하나님입니다. 예수님은 본래 육신이 없는 영(靈)의 하나님이셨는데, 아버지의 뜻을 순종해서 처녀 마리아에게서 육신을 입고 이 땅에 오셨습니다. 예수님은 서른 살이 되셨을 때에, 우리 인류를 모든 죄에서 구원하시는 하나님의 일을 시작하셨습니다.

예수님은 공생애(公生涯)의 시작에 요단강으로 가셔서, 세례 요한에게 안수(按手)의 형식으로 세례를 받으셨습니다. 그 세례가 **"복음의 시작"**(막 1:1)입니다. 그 세례로 세상의 모든 죄가 예수님에게 넘어가서 **"그 육체에 죄를 정"**(롬 8:3)하셨습니다. **"하나님이 죄를 알지도 못하신 자로 우리를 대신하여 죄를 삼으신 것"**(고후 5:21)이 예수님께서 받으신 세례의 비밀이며 능력입니다.

"율법이 육신으로 말미암아 연약하여 할 수 없는 그것"(롬 8:3), 즉 "우리가 거룩해지는 놀라운 일"을 하나님 편에서 온전히 이루어 주셨습니다. 하나님께서는 "(우리의) 죄를 인하여 자기 아들을 죄 있는 육신의 모양으로 보내사 그 육신에 죄를 정하"셔서, 죄를 알지도 못하는 예수님을 우리의 죄를 없애 주실 대속(代贖)의 제물로 삼으셨습니다.

예수님의 세례가 **"복음의 시작"**(막 1:1)입니다. 예수님께서 받으신 세례는 우리의 모든 죄를 깨끗이 씻어 주신 구원의 사역에 있어서 절대 불가결한 사역입니다. 예수님은 세례를 받으심으로 **"세상 죄를 지고 가는 하나님의 어린양"**(요 1:29)이 되셨습니다. 예수님은 세상 죄를 지고 십자가로 가셔서, **"다 이루었다"**(요 19:30) 하시기까지 피를 흘려서 우리의 죗값을 다 지불하시고 돌아가셨습니다. 그리고 사흘째 되던 날에 부활하셨습니다.

이제 예수님께서 받으신 세례와 십자가의 피로 우리를 모든 죄에서 구원하셨다는 원형의 복음을 믿는 자는 죄와 상관없는 의인으로 거듭납니다. 그래서 성경은 **"그러므로 이제 그리스도 예수 안에 있는 자에게는 결코 정죄함이 없나니 이는 그리스도 예수 안에 있는 생명의 성령의 법이 죄와 사망의 법에서 너를 해방하였음이라"**(롬 8:1-2) 하고 선포한 것입니다.

그러므로 "주여 나는 구원받은 죄인입니다"라고 고백하는 기독죄인(基督罪人)은 예수님을 잘못 믿는 사람입니다. **"물과 피로 임하신"**(요일 5:6) 예수님께서 우리를 의롭게 만들어 주셨는데도, 예수님을 믿는다는 자들이 스스로를 죄인이라고 고백하는 것은 예수님의 구원 사역을 짓밟고 모독하는 악행입니다. 그것은 "내가 당신을 믿기 전에도 죄인이었는데 이만큼 믿었는데도 내가 여전히 죄인이라면, 도대체 당신이 한 일은 뭐야?" 하고 예수님께 대드는 격입니다.

"만일 우리가 그리스도 안에서 의롭게 되려 하다가 죄인으로 나타나면 그리스도께서 죄를 짓게 하는 자냐 결코 그럴 수 없느니라"(갈 2:17).

"물과 피로 임하신" 예수님을 만나서 거듭난 사람은 죄가 없습니다. 거듭난 의인들은 죄와 상관없는 하나님의 자녀가 되어 다시 오실 주님을 기다리고 있습니다. "이와 같이 그리스도도 많은 사람의 죄를 담당하시려고 단번에 드리신 바 되셨고 구원에 이르게 하기 위하여 죄와 상관없이 자기를 바라는 자들에게 두 번째 나타나시리라"(히 9:28).

재림의 주님을 만나려면 반드시 거듭나야 합니다

예수님은 "죄와 상관없이 자기를 바라는 자들에게 두 번째 나타나시"겠다고 약속하셨습니다. 그런데 죄와 상관이 있는 기독죄인(基督罪人)들도 주님께서 다시 오실 날을 기다립니다. 그들의 기다림은 헛일입니다. 죄가 있으면 반드시 지옥에 갑니다. 그런데도 기독죄인들은 칭의 교리와 회개 기도의 교리에 중독되어서 죄를 가지고도 천연덕스럽게 신앙생활을 하고 있습니다. 기독죄인들은 하루속히 자기의 가련한 영적 상태를 직시하고 진리의 복음을 믿어서 죄와 상관없는 자들로 거듭나야 합니다.

진리의 복음은 십자가의 피만의 복음이 아니라, "물과 피의 복음"입니다. 육신을 입고 오신 성자 하나님은 요단강의 물에 오셔서 세례를 받으셨습니다. 인류의 대표자인 세례 요한에게 받으신 그 세례로, 예수님은 "세상 죄를 지고 가는 하나님의 어린양"(요 1:29)이 되셨습니다. 그리고 십자가에 못 박혀서 여섯 시간 동안 절규하시며 피를 흘리시고 마지막 숨을 거두시기 전에 "다 이루었다"(요

19:30)라고 크게 외치심으로 우리의 모든 죄를 속량하셨습니다.

우리의 옛사람이 예수님 안으로 들어간 세례

예수님께서 받으신 세례는 우리 전 인류의 옛사람이 예수님 안으로 들어간 세례입니다. 바울의 서신서에는 **"예수 그리스도와 합하여 세례를 받다"**라는 말씀이 자주 발견됩니다. 흠정역(欽定譯, King James Version) 성경에는 이 말씀이 **"예수님 안으로 들어가는 세례를 받다"**(…were baptized into Jesus Christ)라고 번역되어 있습니다.

예수님께서 받으신 세례로 나의 옛사람이 예수님 안으로 들어갔기에, 예수님께서 십자가에 못 박혀 돌아가셨을 때에 나의 옛사람도 예수님 안에서 예수님과 함께 죽었습니다.

"내가 그리스도와 함께 십자가에 못 박혔나니 그런즉 이제는 내가 산 것이 아니요 오직 내 안에 그리스도께서 사신 것이라 이제 내가 육체 가운데 사는 것은 나를 사랑하사 나를 위하여 자기 몸을 버리신 하나님의 아들을 믿는 믿음 안에서 사는 것이라"(갈 2:20).

예수님과 합하여 세례를 받은 자가 아니면 자기의 옛사람이 이미 죽었다는 믿음의 고백을 할 수 없습니다. 믿음이란 기록된 진리의 말씀을 확인하고 확신하는 것입니다. 어린 소나무를 잡고 뿌리가 뽑히도록 기도하면서 자기의 감정에 의지해서, "하나님께서 나를 구원하신 줄 믿습니다" 하는 것은 맹신(盲信)이고 광신(狂信)입니다.

"하나님이 죄를 알지도 못하신 자로 우리를 대신하여 죄를 삼으신 것은 우리로 하여금 저의 안에서 하나님의 의가 되게 하려 하심이니라"(고후 5:21).

하나님 아버지께서 죄를 알지도 못하신 예수님을 어떻게 죄로 삼으셨습니까? 예수님은 원래 죄를 알지도 못하는 거룩한 하나님인데, 육신을 입고 오셔서 인류의 대표자인 세례 요한에게 안수의 형식으로 세례를 받으셨습니다. 예수님은 **"그 세례"**(행 10:37)로 세상 죄를 담당하셨습니다. **"그 세례"**의 비밀을 모르면 이 말씀이 무슨 뜻인지 전혀 알 수 없습니다.

예수님께서 세례를 받으려 하실 때에, 머뭇거리던 세례 요한에게 아주 준엄하게 명령하셨습니다. **"이제 허락하라 우리가 이와 같이 하여 모든 의를 이루는 것이 합당하니라"**(마 3:15). 예수님께서는 죄를 알지도 못하는 분인데, 우리를 모든 죄에서 구원하시기 위해서 이 땅에 육신을 입고 오셨습니다. 흠 없는 어린양으로 오신 예수님은 인류의 대표자인 세례 요한에게 안수의 형식으로 세례를 받으심으로 세상의 모든 죄를 단번에 담당하셨습니다.

예수님께서 받으신 세례로 우리의 옛사람이 그리스도 안으로 들어갔기 때문에, 우리도 사도 바울처럼 **"내가 그리스도와 함께 십자가에 못 박혔다"**라고 담대하게 고백할 수 있습니다.

예수님께서 받으신 세례를 빼버린 복음은 사이비(似而非) 복음입니다. 그것은 반쪽짜리의 불완전한 복음입니다. 만일 구약의 속죄 제사에서 죄인이 흠 없는 제물을 끌고 오긴 했는데, 그 제물의 머리에 안수를 하지 않고 그냥 목을 따서 피를 뿌리고 번제로 제사를 드렸다고 칩시다. 그것은 하나님께서 받지 않으시는 불법의 제사입니다.

그처럼 예수님께서 받으신 세례를 빼 버린 가짜 복음을 믿고서 당신 앞에 당당히 나오는 자들에게 예수님께서는, "내가 너희를 도무지 알지 못하니 불법을 행하는 자들아 내게서 떠나가라"(마 7:23)고 준엄하게 판결하십니다.

물과 피와 성령이 합하여 하나인 복음

"이는 물과 피로 임하신 자니 곧 예수 그리스도시라 물로만 아니요 물과 피로 임하셨고 증거하는 이는 성령이시니 성령은 진리니라 증거하는 이가 셋이니 성령과 물과 피라 또한 이 셋이 합하여 하나이니라"(요일 5:6-8).

온전한 복음은 성령의 증거, 물의 증거, 피의 증거로 구성되어 있다고 성경은 선언합니다. 성령님께서는 예수님은 죄를 알지도 못하신 분, 즉 흠 없는 어린양이라고 증거하십니다. 물은 "예수님께서 요단강 물에서 받으신 세례로 세상의 모든 죄를 담당하셨다"라고 증거합니다. 피는 "예수님께서 흘리신 십자가의 피로 세례로 담당하신 세상 죄를 다 갚으셨다"라고 증거합니다.

이 세 증거가 **"합하여 하나"**입니다. 이 세 증거 중에서 하나라도 **빼버린** 복음은 불법의 복음입니다. 따라서 십자가의 피만의 복음을 믿는 자들이 바로 **"불법을 행하는 자들"**(마 7:23)이며 지옥으로 떨어져야 할 자들입니다.

우리는 성경대로의 복음, 즉 진리의 원형복음(原形福音)을 믿어서 죄와 상관없는 의인이 되었습니다. 우리는 새로운 피조물이 되었습니다. 새로운 피조물끼리는 서로를 육체대로 보지 않습니다. 형제 자매에게서 허물이 좀 드러나도, 그것은 주님께서 받으신 세례로 이미 다 넘겨받으셨고 십자가에서 이미 대가를 다 지불하신 허물입니다.

우리가 형제 자매들을 육체대로 보지 않으면 어떻게 보겠습니까? 우리는 하나님의 진리 안에서 형제 자매들을 영으로 바라봅니다. "저 형제도 새로운 피조물이다. 나 또한 연약한 자인데 예수님께서 나를 새롭게 해 주시지 않았나!" 하고 진리 안에서 서로를 영으로 바라보게 됩니다.

그래서 의인들은 얼마든지 서로를 용납하고 격려할 수 있습니다. 우리는 자신이 부족한 자들인 줄 알기에, 죄를 알지도 못하신 주님께서 스스로 세상 죄를 짊어지심으로 우리를 모든 죄에서 완벽하게 구원하신 복음을 찬양하고 함께 전파하는 것입니다.

우리는 이제 새로운 피조물이 되었습니다. 이 사실을 잊지 마십시오. 또한 자기의 근본 모습을 잊지 마십시오. 이 진리의 복음을 믿어서 거듭난 우리들도 전에는 저주받을 사단 마귀의 자식들이었지만, 이제는 새로운 피조물입니다. 이전 것은 지나갔습니다. 죄의 몸이 멸하여 다시는 죄에게 종노릇하지 않게끔 예수님께서 우리를 의롭게 재창조하셨습니다. 우리들은 이제 하나님의 새로운 피조물들이 되었습니다. 하나님께서 우리로 하여금 복음 전파의 선한 일을 하게 하신 것입니다.

"우리는 그의 만드신 바라 그리스도 예수 안에서 선한 일을 위하여 지으심을 받은 자니 이 일은 하나님이 전에 예비하사 우리로 그 가운데서 행하게 하려 하심이니라"(엡 2:10).

빵 나눠주기 운동, 연탄 나르기 운동, 아프리카 오지(奧地)에 식수 펌프 박아 주는 사역…… 이런 일들이 가장 선한 일인 줄 압니까? 물론 그런 선행도 아름답고 귀합니다만, 가장 선한 일은 지옥에 갈 수밖에 없는 영혼들을 죄에서 구원해서 영생의 천국에 들어가게 하는 일입니다. 그보다 선한 일은 없습니다.

그런 귀한 직분, 즉 죄인들을 구원해서 하나님과 **"화목하게 하는 직책"**(고후 5:18)을 주시려고, 하나님께서는 우리가 진리의 복음을 믿어서 죄 사함을 받고 새로운 피조물로 거듭나게 하셨습니다.

"이전 것은 지나갔으니 보라 새것이 되었도다"(고후 5:17).

새것이 된 우리는 하나님께서 우리에게 주신 화목하게 하는 진리의 복음 말씀을 전파하면서 살다가 주님께로 갈 것입니다.

할렐루야!

"그런즉 누구든지 그리스도 안에 있으면

새로운 피조물이라

이전 것은 지나갔으니

보라 새것이 되었도다"

(고후 5:17).

내게 임한 주님의 은혜가 족합니다

"우리가 하나님과 함께 일하는 자로서 너희를 권하노니 하나님의 은혜를 헛되이 받지 말라

가라사대 내가 은혜 베풀 때에 너를 듣고 구원의 날에 너를 도왔다 하셨으니 보라 지금은 은혜 받을만한 때요 보라 지금은 구원의 날이로다

우리가 이 직책이 훼방을 받지 않게 하려고 무엇에든지 아무에게도 거리끼지 않게 하고

오직 모든 일에 하나님의 일군으로 자천하여 많이 견디는 것과 환난과 궁핍과 곤난과

매 맞음과 갇힘과 요란한 것과 수고로움과 자지 못함과 먹지 못함과

깨끗함과 지식과 오래 참음과 자비함과 성령의 감화와 거짓이 없는 사랑과

진리의 말씀과 하나님의 능력 안에 있어 의의 병기로 좌우하고

영광과 욕됨으로 말미암으며 악한 이름과 아름다운 이름으로 말미암으며 속이는 자 같으나 참되고

무명한 자 같으나 유명한 자요 죽은 자 같으나 보라 우리가 살고 징계를 받는 자 같으나 죽임을 당하지 아니하고

근심하는 자 같으나 항상 기뻐하고 가난한 자 같으나 많은 사람을 부요하게 하고 아무것도 없는 자 같으나 모든 것을 가진 자로다"(고후 6:1-10).

제 마음은 상황과 형편에 따라서 요동치곤 합니다. 그러나 바울과 같은 믿음의 사람들은 아무리 어려운 상황에도 요동치지 않는 믿음으로 푯대를 향해 달려갔습니다. 하나님의 종 사도 바울의 믿음과 삶을 바라보면, 저는 절로 머리가 숙여집니다.

바울은 동족의 위험과 강도의 위험과 헐벗음과 굶주림과 매 맞음과 옥에 갇히기를 수도 없이 겪었습니다. 그는 그러한 극한의 어려움들을 오히려 기뻐하며 한결같은 믿음으로 뛰어넘고, 하나님의 진리의 복음을 힘 있게 전파했습니다. 사도 바울은 자기가 입은 하나님의 은혜가 너무나 컸기 때문에, 또 그는 주님께서 자기에게 부탁하신 복음 전파의 사역을 너무나 존귀하게 여겼기에, 모든 어려움을 오히려 기뻐하며 능히 감당했습니다.

하나님의 은혜를 헛되이 받지 말라

"우리가 하나님과 함께 일하는 자로서 너희를 권하노니 하나님의 은혜를 헛되이 받지 말라"(고후 6:1).

하나님께서는 당신의 외아들을 대속의 어린양으로 아낌없이 우리에게 내어 주셨습니다. 예수님은 육신을 입고 이 땅에 오신 성자(聖子) 하나님이시기에, 그분은 흠 없는 제물이 되어서 당신 몸으로 한 영원한 제사를 드려 주셨습니다. 고린도의 교인들은 그 **"진리의 사랑"**(살후 2:10)을 입어서 값없이 죄 사함을 받았습니다.

그런데 고린도 교인들 중에는 자기들에게 임한 구원의 은혜를 가볍게 여긴 자들이 많았습니다. 그런 자들은 주님께서 부탁하신 일, 즉 복음 전파의 사역에 자기를 드리지 않았습니다. 바울은 그런 자들을 하나님의 은혜를 헛되이 받은 자들이라고 지적했습니다.

예수님께서 베푸신 구원의 사랑을 존귀하게 받은 이들은 주님께서 부탁하신 복음 전파의 사역을 위해 자기의 모든 것을 드립니다. 사도 바울은 주님께서 부탁하신 **"이 직책이 훼방을 받지 않게 하려고 무엇에든지 아무에게도 거리끼지 않게"**(고후 6:3) 하려고 자비량(自費糧) 하며 복음을 전파했습니다.

바울은 **"누가 자비량하고 병정을 다니겠느냐 누가 포도를 심고 그 실과를 먹지 않겠느냐 누가 양떼를 기르고 그 양떼의 젖을 먹지 않겠느냐"**(고전 9:7)라고 언급했습니다. 복음의 군사들은 우리를 부르신 사령관인 예수님께로부터 양식과 생필품을 공급받고 일하는 것이 마땅합니다.

그러나 바울은 복음을 전파하면서 조금이라도 다른 사람들의 비난을 받지 않으려고 밤이면 천막을 만들었습니다. 그렇게 만든 천막을 팔아서 번 돈으로 바울은 자기와 동역자들의 양식과 사역비를 충당했습니다. 그것이 바로 자비량(自費糧) 선교(tent-making mission)입니다.

그뿐 아니라 바울은 복음을 전하는 과정에서 참으로 어려운 일들을 많이 견뎌 냈습니다. 그는 상을 주실 주님을 바라보면서 **"환난과 궁핍과 곤난과 매 맞음과 갇힘과 요란한 것과 수고로움과 자지 못함과 먹지 못함"**을 견디고, **"깨끗함과 지식과 오래 참음과 자비함"**을 지켰습니다.

나에게 이런 어려움들이 닥쳤다고 상상해 봅니다. 복음 때문에 매를 맞고, 감옥에 갇히고, 굶고, 자지 못하며, 비난을 받고, 모욕과 멸시를 받게 된다면, "나는 과연 그런 어려움들을 견디며 한 영혼이라도 더 구원하는 일에 기쁨으로 나를 드리겠는가?" 하고 생각해 봅니다.

바울은 "우리가 살아도 주를 위하여 살고 죽어도 주를 위하여 죽나니 그러므로 사나 죽으나 우리가 주의 것이로라"(롬 14:8) 하고 고백했습니다. 그런데 정말 나는 자기의 유익이나 안위를 돌아보지 않고 우리를 부르신 주님의 선한 일을 위해서 그리스도의 것으로 나를 드리겠는가? 그런 희생과 헌신은 고사하고, 만일 나에게 복음 전파의 사역을 함께 기뻐하고 마음으로라도 응원하고 기도하는 마음이 없다면, 나는 하나님께서 주신 은혜를 헛되이 받은 자입니다.

사도 바울이 성령의 감동으로 기록해 준 서신서 중에는, 복음을 전파하다가 옥에 갇혀 있던 기간에 기록했던 옥중서신(獄中書信)들이 많습니다. 당시의 감옥은 말할 수 없이 비참한 곳이었습니다. 대개 철창으로 차단된 지하 동굴(dungeon)이었는데, 그곳에 죄수를 던져 넣고 한번씩 음식이나 던져 주던 곳이었습니다.

그런데 바울은 그런 비참한 감옥에 갇혀서도 기쁨으로 충만했습니다. 그는 하나님께서 자기에게 이런 시간을 주셔서 성도들을 위해서 하나님 말씀을 대언(代言)하게 하셨다고 믿었습니다. 그래서 그는 "종말로 나의 형제들아 주 안에서 기뻐하라 너희에게 같은 말을 쓰는 것이 내게는 수고로움이 없고 너희에게는 안전하니라"(빌 3:1) 하고 기록했습니다. 바울은 옥중에서도 오히려 성도들을 위로했습니다.

세상이 감당치 못할 믿음의 능력

"진리의 말씀과 하나님의 능력 안에 있어 의의 병기로 좌우하고"(고후 6:7).

"의의 병기로 좌우하고"라는 말씀은 "양손에 의의 병기를 들고"라는 뜻입니다. 사도 바울의 왼손과 오른손에 하나님의 말씀이 가득 들려 있었습니다. 하나님의 종들에게 가장 강력한 무기는 하나님의 말씀입니다. 예수님께서도 "그러므로 천국의 제자 된 서기관마다 마치 새것과 옛것을 그 곳간에서 내어오는 집주인과 같으니라"(마 13:52)고 말씀하셨습니다.

"영광과 욕됨으로 말미암으며 악한 이름과 아름다운 이름으로 말미암으며"라는 말씀은, 바울과 그의 동역자들이 사람들로부터 영광을 받기도 하고 비난을 받기도 했다는 뜻입니다. 바울과 그의 동역자들이 어떤 자들에게서는 "저들은 이단의 괴수(魁首)이며 천하에 퍼진 역병이다"라는 비난을 받았지만, 하나님의 종들을 알아보는 영적인 사람들에게서는 칭찬과 존귀하게 여김을 받았습니다.

"속이는 자 같으나 참되고."

사람들은 바울을 비난하며, "그는 속이는 자며 궤변을 늘어놓는 자다"라고 비난했습니다. 그러나 그는 참된 하나님의 일꾼이었습니다. 또 그는 "무명한 자 같으나 유명한 자"였습니다. 그는 자신을 자랑하지 않았고, 또 세상 사람들이라면 자랑거리로 여길 만한 자기의 배경이나 지식을 다 배설물로 여겼습니다. 그는 무명(無名)한 자로 무시를 당하기도 했지만, 하나님의 종을 알아보는 사람들은 그를 존귀하고 유명한 자로 여겼습니다.

"죽은 자 같으나 보라 우리가 살고 징계를 받는 자 같으나 죽임을 당하지 아니하고"

웬만한 사람이 바울만큼 고난을 받았다면, 그는 일찌감치 기진 해서 죽었을 것입니다. 그러나 바울은 믿음으로 모든 고난과 역경들을 뛰어넘으면서, 날이 갈수록 더 강건했습니다. 믿음의 사람들은 무거운 짐과 과업에 눌려 금방이라도 죽을 것 같지만, 전능하신 하나님을 전적으로 의지하기 때문에, 하나님께로부터 날개 치며 솟아오르는 독수리와 같은 새 힘을 얻습니다. 하나님의 종들은 사방으로 우겨쌈을 당하여도 감당치 못할 믿음으로 자기의 한계를 뛰어넘습니다.

"근심하는 자 같으나 항상 기뻐하고"

하나님의 종이라고 왜 근심이 없겠습니까? 초대교회 당시의 성도들은 늘 박해와 순교의 위협에 처해 있었습니다. 따라서 바울은 흩어져 있던 교회와 성도들에 대한 염려와 근심으로 잠을 이루지 못할 때가 많았을 것입니다. 그러나 모든 근심을 잠재울 만한 믿음과 하나님의 위로와 말씀이 있었기에 바울은 근심하다가도 하나님을 의지하고 항상 기뻐했습니다.

"가난한 자 같으나 많은 사람을 부요하게 하고 아무것도 없는 자 같으나 모든 것을 가진 자로다."

사도 바울에게는 사유 재산도 없었고 복음 사역에 함께 하는 가족도 없었습니다. 그러나 그의 마음은 늘 부유했습니다. 그는 천막을 만들어 팔아서 번 돈으로 선교사역을 감당하면서 오히려 많은 사람들을 도왔습니다.

믿음이 없는 사람은 "나에게는 이것도 없고, 저것도 없고, 없고, 없고……"를 입에 달고 삽니다. 그러나 믿음의 사람은 자기에게 있는 것으로 자족하며 감사와 은혜로 살아갑니다. "주님께서 나에게 영생을 주셔서 천국의 소망이 내게 있고, 나에게 교회를 주셔서 교회를 통해서 공급하는 말씀과 인도를 받으며 생명의 길을 갈 수 있게 하셨습니다. 또, 쓰레기 더미에 앉아 있던 저를 높이 드셔서 복음 전파의 귀한 직분을 얻게 하셨습니다." 이것이 믿음으로 서 있는 사람의 고백입니다.

　사도 바울은 영의 아들 디모데에게, **"우리가 먹을 것과 입을 것이 있은즉 족한 줄로 알 것이니라"**(딤전 6:8) 하고 권고했습니다. 우리에게 맡겨 주신 가장 존귀한 일은 복음 전파의 사역입니다. 하나님께서 가장 기뻐하시는 **"화목케 하는 직책"**(고후 5:18)을 얻은 사람은 그 직임을 준행하는 일에 자원함으로 자신의 삶을 온전히 드립니다. 그렇게 마음이 정해진 하나님의 종들은 **"먹을 것과 입을 것이 있은즉 족한"** 줄로 압니다.

　물론 거듭난 우리도 육신은 여전히 연약하기 때문에, 마음에서는 끊임없이 육신의 욕망이 올라옵니다. **"거머리에게는 두 딸이 있어 다고 다고 하느니라"**(잠 30:15)는 말씀대로, 우리 육신에서는 이기심과 영광심이 끊임없이 준동(蠢動)합니다.

자기를 부인하고 기쁨으로 자신을 드리는 복된 삶

　그러나 영적으로 장성한 의인은 육신의 욕망을 부인하면서 하나님의 말씀을 믿음으로 좇아갑니다. 사도 바울이 **"나는 날마다 죽노라"**(고전 15:31)고 선언한 말이 그런 뜻입니다.

　"과연 나는 자기의 삶은 포기하고 그렇게 전적으로 주님만을 사랑하면서 살 수 있을까?" 여러분은 이런 의문을 품을 수도 있을 것입니다. 주님의 복음을 전파하는 일이 주님을 사랑하는 길입니다. 그런데 그 일은 **"억지로나 부득이 함으로"**는 할 수 없는 일입니다. 그 일은 자원(自願)함과 기쁨으로만 할 수 있습니다.

　어떤 여직공이 있었습니다. 그녀는 날마다 밤늦게까지 일하면서 뒤에서는 항상 사장님을 욕하고 회사에 대한 불평을 늘어놓았습니다. 그런데 그 여직공이 사장님의 마음에 들어서, 사장님의 아들과 결혼을 하게 되었습니다. 그리고 곧 아들인 자기의 남편이 회사를 물려받았습니다. 회사 여건이 여전히 어려워서 그 여공은 사모님이 되어서도 예전보다 더 늦게까지 일을 해야 했습니다. 그런데 이제 사모님은 콧노래를 부르면서 일을 했습니다. 이젠 일하는 마음이 달라졌기 때문입니다. 이젠 회사의 일이 "나의 일"이 되었기 때문입니다.

여러분은 주의 은혜를 헛되이 받았습니까? 예수님이 진정 여러분의 신랑이 되었다면, 신랑이 기뻐하시는 일을 자원함과 기쁨으로 섬기게 됩니다. 우리는 누가 강요하거나 눈치를 주어서 복음을 섬기는 것이 아닙니다. 거듭난 의인들의 마음에 성령님이 계셔서, 성령님께서 우리가 자원함과 기쁨으로 복음 전파의 착한 일을 하게 하십니다.

저는 사도 바울의 귀한 믿음과 헌신을 본받기를 원합니다. 저는 거듭난 의인들과 함께 생명들을 구원하는 선한 사역에 저의 남은 때를 드리기를 소원합니다.

각처에서 **"물과 피의 복음"**으로 거듭난 일꾼들이 일어나서 전 세계의 영혼들을 하나님의 자녀의 영광에 이르게 하는 귀한 사역에 동참하게 되기를 기도합니다.

자원함과 기쁨으로 주께 드려라

"형제들아 하나님께서 마게도냐 교회들에게 주신 은혜를 우리가 너희에게 알게 하노니

환난의 많은 시련 가운데서 저희 넘치는 기쁨과 극한 가난이 저희로 풍성한 연보를 넘치도록 하게 하였느니라

내가 증거하노니 저희가 힘대로 할 뿐 아니라 힘에 지나도록 자원하여

이 은혜와 성도 섬기는 일에 참여함에 대하여 우리에게 간절히 구하니

우리의 바라던 것뿐 아니라 저희가 먼저 자신을 주께 드리고 또 하나님 뜻을 좇아 우리에게 주었도다

이러므로 우리가 디도를 권하여 너희 가운데서 시작하였은즉 이 은혜를 그대로 성취케 하라 하였노라

오직 너희는 믿음과 말과 지식과 모든 간절함과 우리를 사랑하는 이 모든 일에 풍성한 것 같이 이 은혜에도 풍성하게 할찌니라

내가 명령으로 하는 말이 아니요 오직 다른이들의 간절함을 가지고 너희의 사랑의 진실함을 증명코자 함이로라

우리 주 예수 그리스도의 은혜를 너희가 알거니와 부요하신 자로서 너희를 위하여 가난하게 되심은 그의 가난함을 인하여 너희로 부요케 하려 하심이니라

이 일에 내가 뜻만 보이노니 이것은 너희에게 유익함이라 너희가 일년 전에 행하기를 먼저 시작할뿐 아니라 원하기도 하였은즉

이제는 행하기를 성취할찌니 마음에 원하던 것과 같이 성취하되 있는 대로 하라

할 마음만 있으면 있는 대로 받으실 터이요 없는 것을 받지 아니하시리라"(고후 8:1-12).

오늘의 본문 중에서, **"이 은혜와 성도 섬기는 일에 참여함"**(고후 8:4)이라는 말씀은 성도들의 헌금을 포함해서 복음을 전파하는 사역에 동참하는 부분에 관한 말씀입니다. **"이 은혜와 성도 섬기는 일"**에 물질로 참여하는 것이 헌금입니다. 그 일에 마게도냐 교회가 모범을 보였습니다.

"형제들아 하나님께서 마게도냐 교회들에게 주신 은혜를 우리가 너희에게 알게 하노니 환난의 많은 시련 가운데서 저희 넘치는 기쁨과 극한 가난이 저희로 풍성한 연보를 넘치도록 하게 하였느니라"(고후 8:1-2).

사도 바울은 제2차 선교여행 중에 브루기아와 갈라디아 지방을 거쳐서 흑해 남부의 비두니아 지방으로 가려고 했습니다. 그런데 성령님께서 허락하지 않으시고, 오히려 그가 바다를 건너 마게도냐(Macedonia)에 복음을 전하도록 인도하셨습니다. 마게도냐는 유럽의 첫 관문입니다. 마게도냐 지방에 들어간 바울은 빌립보, 암비볼리, 아볼로니아, 데살로니가, 베뢰아에 차례로 복음을 전했습니다.

마게도냐의 여러 교회들은 하나님의 은혜로 구원을 받고 넘치는 기쁨 가운데 복음을 전파하는 일에 동참하기를 원했습니다. 물론 그들도 믿음을 지키기 위하여 많은 환난을 겪고 있었고 또 가난했지만, 그들은 **"이 은혜와 성도 섬기는 일"**에 기쁨으로 참여했습니다.

고린도의 교인들도 1년 전부터 "우리도 얼마든지 헌금을 할 수 있다"라고 큰소리쳤습니다. 그런데 실제로는 헌금을 별로 드리지 않았습니다. 그래서 바울은 디도를 고린도교회에 보내서 "너희들이 약속한 것이 거짓이 아님을 보이라"라고 권고했습니다. 바울은 고린도의 교인들에게 올바른 헌금의 자세를 가르쳐 주기 위해서 마게도냐 성도들의 모범적인 마음 자세를 소개했던 것입니다.

헌금의 대원칙은 하나님의 일을 위해서 자원함과 기쁨으로 드리는 것입니다. 그것은 마게도냐 교회가 우리들에게 보여준 본(本)입니다. 그들은 가난한 중에도 자원함으로 또 기쁨에 넘쳐서 힘에 지나도록 헌금을 드렸습니다. 여러분은 "힘에 지나도록"이라는 말이 부담이 된다면 그 말은 잊어버려도 좋습니다. 다만 헌금은 자원함과 기쁨으로 드리는 것이 옳습니다.

즐겨 내는 자를 기뻐하시는 하나님

"각각 그 마음에 정한대로 할 것이요 인색함으로나 억지로 하지 말찌니 하나님은 즐겨 내는 자를 사랑하시느니라"(고후 9:7).

많은 교회들이 신도들의 이름과 헌금 액수를 주보나 게시판에 공개합니다. 그것은 전적으로 잘못된 짓입니다. 그것은 신도들에게 헌금 경쟁을 부추겨서 한 푼이라도 더 뽑아내려는 삯꾼들의 꼼수입니다. 헌금은 목회자나 교인들에게 보이려고 드리는 것이 아닙니다. 복음 전파의 일을 포함해서 하나님께서 기뻐하시는 선한 일에 쓰이도록 하나님께 드리는 물질이 헌금입니다.

자원함과 기쁨으로 드리지 않을 것이라면, 여러분은 헌금을 드리지 마십시오. 하나님이 거지입니까? 또 하나님의 교회가 거지입니까? 그렇지 않습니다. 온 우주가 하나님의 것입니다. 하나님은 우리의 믿음과 기꺼이 드리는 마음을 받으시지, 눈치가 보여서 억지로나 인색함으로 드리는 헌금은 받지 않으십니다.

"내가 십일조를 충성스럽게 드렸더니 하나님께서 엄청난 물질의 축복을 주셨다"라는 간증들을 여러분은 기독방송이나 기독신문에서 많이 접했을 것입니다. 어떤 장로님은 운영하던 회사가 부도가 나게 되었는데, 빚쟁이들이 돈을 갚으라고 아우성치는 중에도 빚을 내서 이전에 드렸던 만큼의 십일조를 드렸답니다. 그랬더니 하나님께서 모든 빚을 해결하게 하셨다고 간증했습니다.

또 목사님들은 "**만군의 여호와가 이르노라 너희의 온전한 십일조를 창고에 들여 나의 집에 양식이 있게 하고 그것으로 나를 시험하여 내가 하늘 문을 열고 너희에게 복을 쌓을 곳이 없도록 붓지 아니하나 보라**"(말 3:10)는 말씀을 인용하면서 십일조의 축복에 대해서 자주 설교합니다.

물론 믿음으로 드리는 십일조는 아름다운 것입니다. 십일조는 "저에게 주신 모든 것이 하나님의 것입니다"라는 믿음의 고백입니다. 우리는 사나 죽으나 주님의 것입니다. 그런 믿음의 고백을 대표 원리로 나타낸 것이 십일조입니다. "**이는 만물이 주에게서 나오고 주로 말미암고 주에게로 돌아감이라**"(롬 11:36)고 말씀하셨습니다. 우리는 헌금을 드릴 때마다, "제 생명이나 제게 있는 모든 것이 다 주님의 것입니다" 하고 우리의 믿음을 고백하는 것입니다.

예수님께서는 신앙의 대원칙에 대해서 가르쳐 주셨습니다. "너희는 기도할 때나, 금식할 때나, 또는 다른 이들에게 자선을 베풀 때에 사람들에게 보이려고 하지 말고 오직 은밀한 중에 보시는 하나님 앞에서 하라"라고 주님은 말씀하셨습니다.

종교화된 기독교인들은 사람들에게 보이려고 헌금이나 기도나 금식이나 선행을 합니다. 그러나 참된 신앙인은 사람들의 인정이나 평판에는 괘념하지 않고 오직 하나님 앞에서 모든 것을 행합니다. 그것이 코람 데오(Coram Deo, 하나님 앞에서)의 신앙입니다.

또한 하나님의 교회는 아무에게서나 헌금을 받지 않습니다. 거듭나지 않은 사람이 우리 교회에 헌금을 하겠다고 하면 저는 거절합니다. 하나님은 거지가 아니시고, 하나님의 교회도 결코 거지가 아닙니다.

하나님 교회는 거듭난 의인들에게서만 헌금을 받습니다. 거듭난 자들이 헌금의 은혜에 참여하는 것은 너무 귀한 것입니다. 그래서 **"이 은혜에 참여함을 얻었으니"**라는 말씀대로 하나님의 복음을 전파하는 착한 일에 쓰이게끔 헌금을 드리는 것은 성도의 기쁨이고 특권입니다.

헌금은 자원함과 기쁨으로, 또 순수한 마음으로 드려야 합니다. 아나니아와 삽비라같이 자기의 이름을 드러내고자 해서 헌금을 드리는 것은 악한 행실입니다. 성도의 믿음이 자라남에 따라 헌금을 드리는 마음의 자세도 자라납니다.

"너희 보물 있는 곳에는 너희 마음도 있으리라"

헌금의 액수가 중요한 것이 아니라, 헌금을 드리는 마음의 중심이 중요합니다. 예수님은 두 렙돈의 헌금을 드린 과부를 칭찬하셨습니다. 감사의 마음으로 드린 헌금은 믿음의 척도입니다. 주님께서는 **"너희 보물 있는 곳에는 너희 마음도 있으리라"**(눅 12:34)고 말씀하셨습니다. 거듭나기 전이나 죄 사함 받고 나서도 아직 어릴 때에는 자기의 소유를 꽉 움켜쥐고 자기만을 위해서 삽니다.

그러나 교회 안에서 믿음이 자라나면 하나님께서 베푸신 은혜의 풍성함을 깨닫게 되고, 자기가 무엇을 위해서 사는 것이 옳은지를 알게 됩니다. 그러면 물질도 시간도 주님을 위해 자원함과 기쁨으로 드리게 됩니다.

거듭난 의인인 우리 성도들은 자원함과 기쁨으로 주님의 선한 일에 자기를 드리게 되기를 바랍니다.

다른 예수, 다른 복음을 받지 말라

"원컨대 너희는 나의 좀 어리석은 것을 용납하라 청컨대 나를 용납하라

내가 하나님의 열심으로 너희를 위하여 열심 내노니 내가 너희를 정결한 처녀로 한 남편인 그리스도께 드리려고 중매함이로다

뱀이 그 간계로 이와를 미혹케 한 것같이 너희 마음이 그리스도를 향하는 진실함과 깨끗함에서 떠나 부패할까 두려워하노라

만일 누가 가서 우리의 전파하지 아니한 다른 예수를 전파하거나 혹 너희의 받지 아니한 다른 영을 받게 하거나 혹 너희의 받지 아니한 다른 복음을 받게 할 때에는 너희가 잘 용납하는구나

내가 지극히 큰 사도들보다 부족한 것이 조금도 없는 줄 생각하노라

내가 비록 말에는 졸하나 지식에는 그렇지 아니하니 이것을 우리가 모든 사람 가운데서 모든 일로 너희에게 나타내었노라

내가 너희를 높이려고 나를 낮추어 하나님의 복음을 값없이 너희에게 전함으로 죄를 지었느냐

내가 너희를 섬기기 위하여 다른 여러 교회에서 요를 받은 것이 탈취한 것이라

또 내가 너희에게 있어 용도가 부족하되 아무에게도 누를 끼치지 아니함은 마게도냐에서 온 형제들이 나의 부족한 것을 보충하였음이라 내가 모든 일에 너희에게 폐를 끼치지 않기 위하여 스스로 조심하였거니와 또 조심하리라

그리스도의 진리가 내 속에 있으니 아가야 지방에서 나의 이 자랑이 막히지 아니하리라

어떠한 연고뇨 내가 너희를 사랑하지 아니함이냐 하나님이 아시느니라

내가 하는 것을 또 하리니 기회를 찾는 자들의 그 기회를 끊어 저희로 하여금 그 자랑하는 일에 대하여 우리와 같이 되게 하려 함이로라

저런 사람들은 거짓 사도요 궤휼의 역군이니 자기를 그리스도의 사도로 가장하는 자들이니라

이것이 이상한 일이 아니라 사단도 자기를 광명의 천사로 가장하나니

그러므로 사단의 일군들도 자기를 의의 일군으로 가장하는 것이 또한 큰 일이 아니라 저희의 결국은 그 행위대로 되리라"(고후 11:1-15).

고린도교회는 사도 바울이 많은 수고와 열정과 사랑을 쏟아부은 교회였는데도, 그곳의 교인들은 복음의 터 위에 믿음으로 바르게 서지 못했습니다. 그로 인하여 고린도 교인들은 온갖 타락된 행실을 보였고, 진리에서 떠난 자들도 많았습니다.

"만일 누가 가서 우리의 전파하지 아니한 다른 예수를 전파하거나 혹 너희의 받지 아니한 다른 영을 받게 하거나 혹 너희의 받지 아니한 다른 복음을 받게 할 때에는 너희가 잘 용납하는구나"(고후 11:4).

그들은 심지어 다른 예수를 전하는 자들을 용납했습니다. 그 결과 고린도의 교인들 중에는 다른 영을 받은 자들이 있었습니다. 오늘날 기독교인들도 이 말씀을 귀담아들어야 합니다. 기독교 안에는

"**다른 복음과 다른 예수를 전파**"하는 자들이 태반이기 때문입니다.

사도 바울이 "**다른 복음**"이라고 언급한 복음은 무엇을 지칭할까요? 바울이 전했던 복음과 다른 것들은 모두 "**다른 복음**"입니다. 바울은 갈라디아서에서 "**내가 너희에게 전한 복음 외에 다른 복음은 없다**"(갈 1:7-8)라고 단언했습니다. 바울이 전했던 복음은 다른 사도들이나 어떤 선배들에게 배운 것이 아니라, "**오직 예수 그리스도의 계시로 말미암은 것**"(갈 1:12)입니다.

사도들이 전했던 복음의 원형

사도 바울은 자기가 주님께로부터 받았고 사람들에게 전한 복음을 고린도 교인들에게 소개했습니다. "**내가 받은 것을 먼저 너희에게 전하였노니 이는 성경대로 그리스도께서 우리 죄를 위하여 죽으시고 장사 지낸바 되었다가 성경대로 사흘 만에 다시 살아나사**"(고전 15:3-4).

이 말씀에 언급된 "**성경**"은 구약성경입니다. 바울은 구약의 말씀에 해박했던 하나님의 종입니다. 그는 구약의 속죄 제사가 계시하는 하나님의 구원이 성취되기를 고대했던 종입니다. 속죄 제사를 드리려면 ①반드시 흠 없는 제물이 있어야 했고, ②죄인은 반드시 그 제물의 머리에 안수를 해서 자기의 죄를 그 제물에게 넘겨야 했고, ③자신의 죄를 담당한 그 제물의 목을 따서 그 피로써 죗값을 치러야 했습니다.

성경에 기록된 "흠 없는 제물과 안수와 피 흘림"이라는 속죄 제사의 3대 요건(要件)대로, 예수님께서는 "**성경대로 우리 죄를 위해서**" 죽으셨습니다.

예수님은 하나님의 아들인데 처녀 마리아의 몸에서 성령으로 잉태되어서 사람의 몸을 입고 태어나셨습니다. 우리는 태어날 때부터 죄인이었지만 예수님은 근본 죄인이 아닙니다. 예수님은 죄를 알지도 못하는 분이시고 회전하는 그림자도 없습니다. 죄와 전혀 상관없는 분, 거룩한 성자(聖子) 하나님이 인류의 속죄 제물이 되기 위해서 흠 없는 어린양으로 이 땅에 오셨습니다. 이로써 속죄 제사의 첫째 조건이 충족되었습니다.

속죄 제사의 둘째 조건은 안수의 방법으로 죄를 제물에게로 넘기는 것입니다. 흠 없는 제물로 오신 예수님은 인류의 대표자이면서 대제사장 아론의 직계 후손인 세례 요한에게 요단강에서 안수의 형식으로 세례를 받으셨습니다.

세례를 받으실 때에 예수님은 세례 요한에게, **"이제 허락하라 우리가 이와 같이 하여 모든 의를 이루는 것이 합당하니라"**(마 3:15) 하고 명령하셨습니다. **"모든 의"**(all righteousness)가 이루어지려면 세상의 모든 죄가 예수님께 다 넘어가야 했습니다. 그런데 인류의 대표자가 예수님의 머리에 안수했으니, 이 세상의 모든 죄는 단번에 예수님께 넘어갔고 이 세상에는 모든 의가 이루어졌습니다.

그래서 예수님께서 세례를 받으신 이튿날 세례 요한은 지나가시던 예수님을 가리키면서, **"보라 세상 죄를 지고 가는 하나님의 어린 양이로다"**(요 1:29)라고 증거했습니다. 이렇게 속죄 제사의 두 번째 조건이 충족되었습니다.

안수의 방법으로 받으신 세례로 우리의 모든 죄를 짊어지신 예수님은 십자가로 가셔서 십자가에 못 박히셨습니다. 예수님은 온몸의 피를 다 흘리시고, **"다 이루었다"**(요 19:30)라고 크게 외치신 후 돌아가셨습니다. 그리고 주님은 무덤에 묻히셨다가 셋째 날에 부활하셨습니다. 이렇게 속죄 제사의 세 번째 조건이 충족되었습니다.

이것이 바로 예수님께서 **"성경대로 우리 죄를 위해서 돌아가셨다가 성경대로 부활하신 복음"**입니다. 예수님은 이 **"성경대로의 복음"**을 지키고 전하게 하시려고 제자들에게 성찬의 예식을 세워 주셨습니다.

성찬 예식에 담겨 있는 성경대로의 복음

"내가 너희에게 전한 것은 주께 받은 것이니 곧 주 예수께서 잡히시던 밤에 떡을 가지사 축사하시고 떼어 가라사대 이것은 너희를 위하는 내 몸이니 이것을 행하여 나를 기념하라 하시고 식후에 또한 이와 같이 잔을 가지시고 가라사대 이 잔은 내 피로 세운 새 언약이니 이것을 행하여 마실 때마다 나를 기념하라 하셨으니 너희가 이 떡을 먹으며 이 잔을 마실 때마다 주의 죽으심을 오실 때까지 전하는 것이니라"(고전 11:23-26).

성찬의 예식에서 떡과 포도주로 상징된 예수님의 몸과 피는 당신의 육신(몸)에 세상 죄를 넘겨받은 세례와 세상의 모든 죗값을 지불하신 십자가의 피를 의미합니다. 성경대로의 복음은 **"물과 피로 임하신 자"**(요일 5:6) 곧 예수 그리스도의 "세례와 십자가"로 구성된 원형의 복음입니다.

오천 명을 먹이신 오병이어(五餅二魚)의 기적을 베푸신 후에도, 예수님께서는 "내 살을 먹고 내 피를 마시는 자는 영생을 가졌고 마지막 날에 내가 그를 다시 살리리니 내 살은 참된 양식이요 내

피는 참된 음료로다"(요 6:54-55)라고 말씀하셨습니다. 주님의 "살"(몸)은 육체를 입고 오셔서 안수의 형식으로 받으신 예수님의 세례를 의미합니다.

누구든지 예수님의 세례와 십자가의 피를 다 믿어야만 영생을 얻습니다. 예수님의 살은 마다하고 예수님의 피만 마셔서는 결코 영생을 얻지 못합니다. 이것이 성찬의 예식으로 계시된 원형복음(原形福音)의 비밀입니다.

그런데 사단 마귀의 종들은 바울이나 다른 사도들이 예수님께로부터 받아서 전했던 성경대로의 복음과는 **"다른 복음"**을 전했습니다. 그들은 진리의 원형복음에서 예수님의 세례를 빼버리고 십자가의 피만으로 구성된 반쪽짜리 복음을 전했습니다. 그것은 **"다른 복음"**입니다. 다른 복음을 믿는 자는 마음의 죄가 절대로 씻어지지 않습니다.

세상의 죄를 다 없애 주신 예수님을 믿는다면서 어떻게 마음의 죄가 그대로 있을 수 있습니까? 그 이유는, 기독교인들이 믿는 **"십자가의 피만의 복음"**에는 자신의 죄가 예수님께로 넘어간 증거의 말씀이 없기 때문입니다.

저도 진리의 원형복음을 깨달아 믿기 전에는 기독죄인(基督罪人)이었습니다. 아담과 하와가 자기들의 부끄러움을 가리려고 무화과 나뭇잎으로 부지런히 치마를 만들어 입었듯이, 기독죄인이었던 저도 몸이 바스러지도록 선을 행하고 나의 의를 쌓는데 헌신했었습니다. 그러다가 저는 지쳤습니다. 제가 현대판 바리새인으로서 더 이상은 위선을 떨 수 없을 정도로 기진맥진하여 있을 때에, 주님께서 **"성경대로의 복음"**으로 저를 만나 주셔서 저는 거듭나게 되었습니다.

"그 진펄과 개펄은 소성되지 못하고 소금 땅이 될 것이며"(겔 47:11).

진펄과 개펄은 바닷물이 들락날락하는 곳입니다. 기독죄인(基督罪人)들은 감정의 물이 들락날락하는 것 같은 신앙생활을 하고 있습니다. 감정의 밀물이 충만할 때, 그들의 표정은 밝습니다. 그러나 충만했던 감정이 썰물처럼 싹 빠지고 나면, 한 시간도 못되어 마음의 바닥이 바싹 마르면서 쩍쩍 갈라집니다.

그런 현상의 원인은 기독죄인들이 십자가의 피만으로 구성된 **"다른 복음"**을 믿기 때문입니다. 피만으로 임하신 예수님은 **"다른 예수"**(고후 11:4)이며, 다른 예수를 믿는 기독교인들은 성령과는 **"다른 영,"** 즉 악한 영을 받은 자들입니다.

"만일 누가 가서 우리의 전파하지 아니한 다른 예수를 전파하거나 혹 너희의 받지 아니한 다른 영을 받게 하거나 혹 너희의 받지 아니한 다른 복음을 받게 할 때에는 너희가 잘 용납하는구나"(고후 11:4).

고린도교회는 사도 바울이 전했던 **"성경대로의 복음"**과 다른 복음을 용납하고 믿었기 때문에 멸망의 길로 갔습니다. 오늘날의 기독교인들도 사도 요한이 전했던 **"성령과 물과 피가 합하여 하나"**(요일 5:8)인 복음에서 물의 증거를 빼버린 **"다른 복음"**을 믿기 때문에, 그들이 믿는 예수님은 다른 예수일 수밖에 없습니다.

다수(多數)가 믿는다고 진리가 되지는 않습니다

사람들은 절대다수가 믿는 것을 진리라고 확신합니다. 그러나 그렇지 않습니다. 코페르니쿠스나 갈릴레오는 거의 모든 사람들이

"지구는 평편하고 태양이 지구를 돈다"라는 천동설(天動說)을 믿고 있을 때에, 지구는 둥글며 지구가 태양 주위를 돈다"라는 지동설(地動說)을 주장했습니다. 그 결과 갈릴레오는 가톨릭교회로부터 이단으로 단죄되어서 화형을 당할 뻔했습니다.

그렇지만 과학의 발달로 절대다수가 확신했던 천동설(天動說)은 거짓이고, 극소수의 주장이었던 지동설(地動說)이 진리라는 사실이 밝혀졌습니다. 믿는 사람의 숫자가 많다고 해서 거짓이 진리가 될 수 없습니다. 진리는 진리이기 때문에 진리입니다.

광명의 천사로 가장한 사단의 종들

그렇게 거짓을 진리라고 강변하는 자들이 바로 사단 마귀의 종들입니다.

"이것이 이상한 일이 아니라 사단도 자기를 광명의 천사로 가장하나니 그러므로 사단의 일군들도 자기를 의의 일군으로 가장하는 것이 또한 큰 일이 아니라 저희의 결국은 그 행위대로 되리라"(고후 11:14-15).

이 세상에는 하나님의 종이 있고, 자칭(自稱) 하나님의 종이라고 주장하지만 실상은 사단의 종들이 있습니다. 기독교 안에는 다른 복음, 즉 십자가의 피만의 복음을 전하는 자들이 절대다수입니다. 그들은 수많은 사람들을 이끌고 지옥으로 가고 있습니다. 그런 자들은 외견상 아주 선하고 후덕(厚德)하며 탁월해 보입니다. 그들은 자기를 **"광명의 천사로 가장"**하기 때문입니다.

하나님의 종과 사단 마귀의 종은 각기 지향하는 것이 근본적으로 다릅니다. 하나님의 종들은 영혼들을 하나님 아버지와 예수 그리스도께로 이끕니다. 하나님의 종들은 죄인들을 거듭나게 해서 그리스도의 신부로 삼아주고, 또 그들을 양육해서 믿음의 사람으로 세워 줍니다.

"내가 하나님의 열심으로 너희를 위하여 열심 내노니 내가 너희를 정결한 처녀로 한 남편인 그리스도께 드리려고 중매함이로다"(고후 11:2).

반면에 사단 마귀의 종들은 영혼들을 자기에게로 이끕니다. 그들은 교인들을 그루밍(glooming) 해서 노예로 삼고 그들을 착취합니다. 오죽하면 "빤쓰 목사"라는 끔찍한 말까지 있습니까? 어떤 목사라는 작자가 자기 여신도에게 "빤쓰 내려!"라고 명령해서, 그 여신도가 팬티를 내리면 내 양이고, 내리지 않으면 내 양이 아니다라고 말했답니다. 기가 찰 노릇입니다. 오늘날 거듭나지 못한 소경 목사들이 다른 영을 받고 다른 복음과 다른 예수를 담대하게 전하고 있습니다. 그들은 결코 하나님의 종들이 아닙니다.

다른 복음을 전하는 자나 믿는 사람은 분명히 마음에 죄가 있습니다. 마음에 죄가 있는 사람은 결코 성령을 받지 못합니다. 기독죄인들이 성령을 받았다고 설치면서 방언을 하고 예언도 하지만, 실상 그들이 받은 영(靈)은 다른 영입니다.

"베드로가 가로되 너희가 회개하여 각각 예수 그리스도의 이름으로 세례를 받고 죄 사함을 얻으라 그리하면 성령을 선물로 받으리니"(행 2:38)라고 기록되어 있습니다. 성령님은 거룩한 하나님이기에, 죄가 있는 자의 마음에는 결코 임재(臨在)하시지 않습니다. 죄 사함을 받지 못한 기독죄인(基督罪人)들은 절대로 성령님을 받을 수 없습니다.

아직 마음에 죄가 있는 기독죄인들은 자기가 지옥에 가야 할 비참한 존재임을 인정하고, 조속히 **"물과 피의 복음"**을 믿어야 합니다. 그래서 죄 사함을 받고 성령님을 선물로 받기를 바랍니다.

아무리 온화한 표정으로 매끄럽고 박식하게 말씀을 잘 전해도, 십자가의 피만의 복음을 전하는 자들은 **광명의 천사**로 가장한 사단의 종들입니다. 그들이 전하는 예수는 다른 예수입니다.

기독죄인(基督罪人)들은 평생 동안 예수님을 믿고서 다른 영을 받아서 지옥에 떨어지는 비극이 없도록, 바벨론의 음녀들에게서 속히 돌아서기를 바랍니다.

믿음의 마음, 믿음의 눈

"무익하나마 내가 부득불 자랑하노니 주의 환상과 계시를 말하리라

내가 그리스도 안에 있는 한 사람을 아노니 십사 년 전에 그가 세째 하늘에 이끌려 간 자라 (그가 몸 안에 있었는지 몸 밖에 있었는지 나는 모르거니와 하나님은 아시느니라)

내가 이런 사람을 아노니 (그가 몸 안에 있었는지 몸 밖에 있었는지 나는 모르거니와 하나님은 아시느니라)

그가 낙원으로 이끌려가서 말할 수 없는 말을 들었으니 사람이 가히 이르지 못할 말이로다

내가 이런 사람을 위하여 자랑하겠으나 나를 위하여는 약한 것들 외에 자랑치 아니하리라

내가 만일 자랑하고자 하여도 어리석은 자가 되지 아니할 것은 내가 참말을 함이라 그러나 누가 나를 보는 바와 내게 듣는 바에 지나치게 생각할까 두려워하여 그만 두노라

여러 계시를 받은 것이 지극히 크므로 너무 자고하지 않게 하시려고 내 육체에 가시 곧 사단의 사자를 주셨으니 이는 나를 쳐서 너무 자고하지 않게 하려 하심이니라

이것이 내게서 떠나기 위하여 내가 세번 주께 간구하였더니

내게 이르시기를 내 은혜가 네게 족하도다 이는 내 능력이 약한 데서 온전하여짐이라 하신지라 이러므로 도리어 크게 기뻐함으로 나의 여러 약한 것들에 대하여 자랑하리니 이는 그리스도의 능력으로 내게 머물게 하려 함이라

그러므로 내가 그리스도를 위하여 약한 것들과 능욕과 궁핍과

핍박과 곤란을 기뻐하노니 이는 내가 약할 그때에 곧 강함이니라"(고후 12:1-10).

고린도의 교인들은 예루살렘의 사도들에게서 천거서(薦擧書)를 받고 왔다고 주장하는 거짓 선생들에게 마음을 빼앗겼습니다. 상당수의 교인들이 그들의 헛된 가르침을 좇았고, 자기들에게 복음을 전해준 사도 바울을 무시했습니다. 사도 바울은 "부득불(不得不)" 즉, 어쩔 수 없어서 고린도 교인들에게 자신이 14년 전에 경험했던 놀라운 영적 체험을 간증하게 되었습니다.

"그가 낙원으로 이끌려가서 말할 수 없는 말을 들었으니 사람이 가히 이르지 못할 말이로다"(고후 12:4).

사도 바울은 말로 형언할 수 없는 놀라운 체험을 했으면서도, "그가"라는 3인칭 주어로 자기의 간증을 객관화시켰습니다. 그것은 고린도의 교인들이 행여라도 자기를 신령한 존재로 여겨서 자기를 높일까 염려했기 때문입니다. 또한 바울은 "내가 얼마나 영적이면 하나님께서 나에게 이런 것들을 보여 주셨을까" 하는 교만에 빠질 것도 스스로 경계했습니다.

"여러 계시를 받은 것이 지극히 크므로 너무 자고하지 않게 하시려고 내 육체에 가시 곧 사단의 사자를 주셨으니 이는 나를 쳐서 너무 자고하지 않게 하려 하심이니라"(고후 12:7).

사도 바울에게는 고질병이 있었습니다. 바울은 큰 고통을 주고 있던 그 병을 "내 육체에 가시 곧 사단의 사자"라고 표현했을 정도로, 그 병은 고통스러웠습니다. 그의 병이 어떤 병인지는 구체적으로 밝히지 않았지만, 혹자는 안질(眼疾)이었을 것으로 추론합니다.

사도 바울에게는 자신의 구술(口述) 편지문을 받아 적어 주던 더디오(Tertius, 롬 16:22) 같은 동역자가 있었습니다. 바울은 대서(代書)한 서신서의 말미에 친필로, **"내 손으로 너희에게 이렇게 큰 글자로 쓴 것을 보라"**(갈 6:11)고 큰 글자로 마지막 인사를 몇 자 적기도 했습니다. 어떤 이들은 이런 말씀을 근거로, "바울은 끔찍한 안질이 있었기에 작은 글씨를 쓸 수 없을 정도로 눈이 나빴다"라고 추론합니다.

아무튼 바울은 앓고 있던 고질병으로 잠도 편안히 잘 수 없었을 것입니다. 그 병은 육체의 가시처럼 늘 그를 괴롭혔습니다. 그래서 그는 그런 고통에서 벗어나게 해 달라고 하나님께 세 번이나 간절히 기도했습니다.

그런데 하나님께서는 **"내 은혜가 네게 족하도다 이는 내 능력이 약한 데서 온전하여짐이라"**(고후 12:9) 하고 바울에게 말씀하셨습니다. 그리고 바울은 주님의 말씀을 믿음으로 받았습니다. **"이러므로 도리어 크게 기뻐함으로 나의 여러 약한 것들에 대하여 자랑하리니 이는 그리스도의 능력으로 내게 머물게 하려 함이라."** 바울은 그토록 큰 고통을 주고 있던 고질병에 대한 자신의 마음을 고쳐먹고 믿음으로 정리했습니다.

고난을 대하는 우리의 자세

우리에게도 여러가지 어려움들과 그로 인한 고통이 있습니다. 질병, 경제적인 어려움, 가족간의 갈등 등, 우리에게는 육신적으로나 정신적으로 많은 아픔이 있을 수 있습니다. 그때에 우리는 하나님께 간절히 기도를 드립니다. 그런데도 여전히 그런 고통이 계속

되는 경우에는, 그런 어려움으로 우리의 삶이 짓눌려서 우리는 암울한 상태에 빠지게 됩니다.

그런데 주님은, "내 은혜가 네게 족하도다 이는 내 능력이 약한 데서 온전하여짐이라 하신지라"(고후 12:9) 하고 우리에게도 말씀하십니다. 우리에게 물질도 풍족하고 건강하며 평안한 것이 다 좋은 것만은 아닙니다. 오히려 우리는 많은 어려움을 겪으면서, 우리의 연약함을 인정하고 하나님을 전적으로 의뢰하는 강건한 믿음을 갖게 됩니다. 우리가 곤고하고 약할 그때에, 우리는 오히려 강한 믿음의 사람이 됩니다.

다윗은 자기를 죽이려는 사울 왕을 피해서 이방인들의 땅에서 떠돌이 생활을 하던 시절이 있었습니다. 다윗은 이방 왕들에게서 목숨을 부지하려고 일부러 침을 질질 흘리며 미친 척을 하기도 했습니다. 그는 자기의 처지를 비관하고 자괴감에 빠질 수도 있었습니다. 그러나 다윗은 절망과 어려움을 겪으면 겪을수록 하나님을 더욱더 의지하게 되었습니다.

"내가 주를 의뢰하고 적군에 달리며 내 하나님을 의지하고 담을 뛰어넘나이다 하나님의 도는 완전하고 여호와의 말씀은 정미하니 저는 자기에게 피하는 모든 자의 방패시로다"(시 18:29-30).

그러나 다윗의 아들 솔로몬 왕은 부왕(父王) 다윗 덕분에 강성한 나라를 물려받았고, 아무 어려움 없이 부귀영화를 누렸습니다. 그의 시대에는 예루살렘에 은이 돌처럼 흔했다고 할 정도로 모든 것이 풍족했고 나라는 안정되어 있었습니다.

그런데 그는 주변 여러 왕국들과의 화평을 도모하려고 이방 나라의 공주들과 정략결혼을 하면서, 이방 왕비들이 가져온 우상들이 이스라엘 민족을 타락시켰습니다. 그리고 솔로몬의 망나니 아들 르

호보암이 왕위를 계승하면서 이스라엘은 끝내 두 나라로 쪼개지고 말았습니다.

모든 것이 풍족하고 평안해서 아무 걱정이 없다고 영적으로 좋은 것만은 결코 아닙니다. 영적으로는 오히려 그 반대입니다. 환경과 상황이 아무 염려 없을 정도로 좋을 때에는 영적으로 타락하기 쉽고 믿음은 오히려 침륜에 빠지기 쉽습니다.

성경은 우리를 나무에 자주 비유합니다. 너무 물기가 많은 곳에 나무를 심으면, 뿌리가 썩기 쉽고 뿌리가 땅속 깊이 내리지도 않아서, 강풍에 쉽게 넘어갑니다. 그러나 물기가 적은 땅에 심긴 나무는 물기를 찾아서 뿌리를 깊이 내리기 때문에 가뭄이나 강풍에도 잘 견딥니다.

우리가 고통스러운 질병을 앓거나 경제적으로 큰 어려움을 겪으면서 이 땅에서의 삶이 너무 힘들고 괴로우면, 우리는 하나님의 나라를 소망하게 되고 하나님을 전적으로 의지하게 됩니다. 그런 상황에 처하면 자기가 얼마나 부족하고 연약한지도 깨닫게 되어서, 오직 하나님을 믿음으로 하루하루를 살게 됩니다.

"무릇 지킬 만한 것보다 네 마음을 지키라 생명의 근원이 이에서 남이니라"(잠 4:23).

믿음의 사람들은 어려움을 겪으면 겪을수록 하나님의 말씀을 믿음으로 마음을 지킵니다. 믿음의 사람은 상황과 형편이 어려울수록 하나님의 말씀을 더 굳게 붙듭니다. 저는 복음을 전파하기 위해서 자비량(自費糧) 기업을 경영하고 있습니다. 요즘 코로나 19의 팬데믹(pandemic) 사태가 2년 넘게 지속되면서, 기업을 운영하기가 매우 힘듭니다. 이런 상황에서 저는 **"너희는 먼저 그의 나라와 그의 의를 구하라 그리하면 이 모든 것을 너희에게 더하시리라"**(마

6:33)는 말씀을 더욱 굳게 붙듭니다.

계산상으로는 더 이상 기업을 운영할 수 없는 상황에 부딪힐 때마다, 저는 약속의 말씀을 믿고 하나님을 의지했습니다. 그러면 하나님께서는 늘 새로운 길을 열어 주셔서 우리 형제들과 함께 살아가며 복음을 전파할 수 있게 해 주셨습니다.

지금은 진리의 복음을 외치고 전파하는 이들이 없는 세대입니다. 그러므로 우리의 삶을 **"하나님의 나라와 그의 의"**를 위해서 드리기로 작정하고 좇는다면, 하나님은 우리를 절대적으로 지키신다고 저는 믿습니다. 환경이 어떻든지 꿋꿋하게 하나님 약속을 붙드는 것이 믿음입니다.

믿음의 마음과 믿음의 눈

믿음의 사람들은 모든 사물을 믿음의 눈으로 봅니다. 믿음의 눈으로 보면 모든 사물이나 사건들이 긍정적으로 보입니다. 사도 바울은 **"이렇게 경영할 때에 어찌 경홀히 하였으리요 혹 경영하기를 육체를 좇아 경영하여 예 예하고 아니 아니라 하는 일이 내게 있었겠느냐 하나님은 미쁘시니라 우리가 너희에게 한 말은 예 하고 아니라 함이 없노라"**(고후 1:17-18)고 말씀하셨습니다.

믿음이 없는 사람에게는 모든 것이 부정적으로만 보입니다. 이스라엘 백성들은 애굽을 빠져나오는 과정에서 하나님의 놀라운 역사들을 경험했습니다. 애굽 백성들에게는 열 가지 재앙이 내렸지만, 자기들이 살던 고센 땅에는 아무 재앙이 임하지 않은 것을 목도했습니다. 첫 번째 유월절 밤에는 죽음의 사자가 자기들의 집은 건너뛰었고, 애굽 사람들의 장자는 모두 죽었던 광경을 이스라엘 백성들은 목격했습니다. 그리고 홍해가 갈라져서 자기들은 마른 땅을 건넜지만, 애굽의 군대들은 다시 덮쳐오는 바닷물에 빠져 죽는 것도 보았습니다.

그런데 그들의 눈은 믿음의 눈이 아니었습니다. 그들은 광야에 나와서 어려운 환경에 부딪히자 즉시로 모세와 아론을 원망하였고, 하나님에게까지 불평을 토로하며 애굽으로 돌아가려고 했습니다. 자기들이 애굽에 있을 때에는 고기와 부추를 실컷 먹었다고 볼멘소리를 했습니다. 애굽의 노예였던 자기들이 어떻게 고기와 부추를 배불리 먹었겠습니까?

"백성이 모세와 다투어 말하여 가로되 우리 형제들이 여호와 앞에서 죽을 때에 우리도 죽었더면 좋을 뻔하였도다 너희가 어찌하여 여호와의 총회를 이 광야로 인도하여 올려서 우리와 우리 짐승으로 다 여기서 죽게 하느냐 너희가 어찌하여 우리를 애굽에서 나오게 하여 이 악한 곳으로 인도하였느냐 이곳에는 파종할 곳이 없고 무화과도 없고 포도도 없고 석류도 없고 마실 물도 없도다"(민 20:3-5).

믿음 없는 사람은 "없고, 없고"를 입에 달고 삽니다. 그런 자들의 마음은 늘 불평과 원망으로 가득 차 있습니다. 그러나 믿음의 사람은 하나님께서 허락하신 것으로 자족하며 자기에게 있는 것들을 인해서 하나님께 감사를 드립니다. 믿음의 사람은 긍정적이고, 믿음이 없는 사람은 부정적입니다.

"무명한 자 같으나 유명한 자요 죽은 자 같으나 보라 우리가 살고 징계를 받는 자 같으나 죽임을 당하지 아니하고 근심하는 자 같으나 항상 기뻐하고 가난한 자 같으나 많은 사람을 부요하게 하고 아무것도 없는 자 같으나 모든 것을 가진 자로다"(고후 6:9-

10).

 사도 바울과 그의 동역자들은 고린도 교인들에게 모욕이나 무시를 많이 당했습니다. 그들은 자신들을 무명(無名)한 자로 여겼지만, 하나님 앞에서는 자신들이 유명(有名)한 자들이라는 자부심이 있었기에 믿음의 종들은 상처를 받지 않았습니다.
 "모든 사람이 너희를 칭찬하면 화가 있도다 저희 조상들이 거짓 선지자들에게 이와 같이 하였느니라"(눅 6:26).
 사실 거듭나지 못했거나 거듭났어도 너무 어려서 육신적인 사람들의 인정을 받는 것은, 의인들이 기뻐할 일이 아닙니다. 거듭나지 못한 기독죄인들이 우리를 보고 자기네와 동류(同類)라고 인정하면 우리에게 화(禍)가 있습니다. 우리는 그들의 눈에는 무명한 자들이지만 하나님의 눈에는 유명한 자들입니다. 우리는 전 세계에 진리의 원형복음을 믿고 전파하는 아주 희귀한 하나님의 종들입니다.
 또 사람들의 눈에는 우리가 아무것도 없는 자들처럼 보일 수 있습니다. 그러나 우리는 모든 것을 가진 자들입니다. 우리에게는 살아 계신 성삼위(聖三位) 하나님이 계시고, 진리의 복음이 우리에게 있고, 거듭난 의인들의 모임인 하나님의 교회가 있습니다. 또 하나님께서 거듭난 우리들에게 주신 성령님이 우리 마음에 계시고 구름같이 허다한 믿음의 선배들이 있습니다.
 믿음의 사람들은 아무것도 없는 것 같지만 모든 것을 가진 자들입니다. 주님은 우리에게 믿음의 마음과 믿음의 눈을 가진 자가 되라고 권고하십니다.
 "내가 앞으로 어떻게 살아갈까? 사람들이 나를 어떻게 인정할까?" 이런 것들은 우리에게 아무 관심거리가 못됩니다. 사람들이 나를 인정하든 안 하든, 하나님께서 우리를 인정하시면 충분합니다. "그래! 네가 내 마음을 시원케 해 주고 있다. 네가 진리의 복음을 전해 주고 있으니 내가 참으로 기쁘다" 하고 주님은 우리를 위로 하십니다. 우리가 먼저 그 나라와 그 의를 구하면, 주님은 약속대로 우리를 지켜 주십니다. 주님께서 우리에게 필요한 것들을 다 채워 주십니다.

그래서 믿음의 사람은 믿음의 마음과 믿음의 눈으로 기쁘게 살아갑니다. 세상은 이런 믿음의 사람을 감당치 못합니다. 사단 마귀도 믿음의 사람을 공략할 수가 없습니다. 어려운 환경이나 육체의 질병으로 하나님의 사람들을 무너뜨리려고 해도 오히려 더 강한 믿음으로 다시 일어나기 때문입니다.

"이런 사람은 세상이 감당치 못하도다"(히 11:38)

저도 성경에 기록된 믿음의 선배들처럼 믿음의 사람이 되기를 원합니다. 우리 의인들의 소원은 그리스도의 장성한 분량까지 자라나서 천하의 모든 새들이 깃들일 만한 큰 믿음의 나무가 되는 것입니다. 그러면 많은 영혼들이 우리로 인해서 구원을 받고 안식을 누리게 될 것입니다. 세상 사람들에게서 인정을 받고 많은 교인들을 끌어모아서 큰 예배당을 짓고 거기서 왕 노릇 하는 것은 하나님의 종들에게는 안중에도 없습니다.

성도 여러분, 거듭난 우리에게 많은 어려움과 고통이 있을지라도, 약속하신 대로 반드시 당신의 뜻을 이루시는 하나님을 믿는 믿음의 눈으로 우리는 우리 앞의 일들을 바라봐야 합니다.

우리가 연약할 때가 곧 믿음으로 강할 때입니다. 어떤 어려움과 곤란이 있더라도 물러가 침륜(沈淪)에 빠지지 말고, 오히려 거센 역풍을 타고 날개 치며 솟아오르는 독수리와 같은 믿음의 사람들이 되시기를 바랍니다.

　믿음은 바라는 것들의 실상입니다. 하나님의 말씀을 확인하고 확신하는 것이 믿음입니다. 성도 여러분들 안에 믿음이 날로 자라나서 믿음의 큰 나무들로 우뚝 서게 되기를 바랍니다.

당신은 거듭났다고 확신합니까?

"너희가 믿음에 있는가 너희 자신을 시험하고 너희 자신을 확증하라 예수 그리스도께서 너희 안에 계신 줄을 너희가 스스로 알지 못하느냐 그렇지 않으면 너희가 버리운 자니라

우리가 버리운 자 되지 아니한 것을 너희가 알기를 내가 바라고

우리가 하나님께서 너희로 악을 조금도 행하지 않게 하시기를 구하노니 이는 우리가 옳은 자임을 나타내고자 함이 아니라 오직 우리는 버리운 자 같을찌라도 너희로 선을 행하게 하고자 함이라

우리는 진리를 거스려 아무것도 할 수 없고 오직 진리를 위할 뿐이니

우리가 약할 때에 너희의 강한 것을 기뻐하고 또 이것을 위하여 구하니 곧 너희의 온전하게 되는 것이라

이를 인하여 내가 떠나 있을 때에 이렇게 쓰는 것은 대면할 때에 주께서 너희를 파하려 하지 않고 세우려 하여 내게 주신 그 권세를 따라 엄하지 않게 하려 함이니라"(고후 13:5-10).

여러분은 구원의 확신이 있습니까? 상당수의 고린도 교인들은 영적인 혼돈과 타락된 삶으로 믿음에서 떠나 있었습니다. 그 근본적인 원인은 그들이 복음의 터 위에 견고하게 서 있지 못했기 때문입니다. 그래서 바울은 "너희가 믿음에 있는가 너희 자신을 시험하고 너희 자신을 확증하라 예수 그리스도께서 너희 안에 계신 줄을 너희가 스스로 알지 못하느냐 그렇지 않으면 너희가 버리운 자

니라"하고 그들을 일깨워 주었습니다.

많은 사람들이 "누가 구원을 받았는지, 혹은 받지 못했는지는 우리가 알 수 없다. 그것은 하나님만 아신다"라고 주장합니다. 하나님의 말씀에 대한 올바른 이해가 없는 이들에게 던진 중대한 영적 질문들은 제대로 답을 얻지 못하고 결국 불가지론(不可知論)으로 귀결되기가 일쑤입니다.

제가 대학에서 교수로 재직할 때에, 저는 기독 동아리인 IVF (Inter-Varsity Evangelical Student Fellowship)의 지도교수를 맡아서 학생들에게 말씀을 가르쳤습니다. IVF의 회원들은 대부분의 기독교인들과 마찬가지로 십자가의 피만의 복음을 믿었기에, 구원의 확신이 없는 기독죄인으로 신음하고 있었습니다. 그들은 제가 매주 동아리 모임 시간에 전하는 복음 설교의 말씀을 듣고서 매우 기뻐했습니다. 어느덧 그들의 마음에는 **"물과 피의 복음"**이 자리를 잡게 되었고, 동아리 회원 모두가, "이제는 제 마음에 구원의 확신이 있다"라고 간증하게 되었습니다.

그런데 어느 날 한 동아리 회원이 다니던 교회의 목사님이 아주 심각한 어조로 제게 전화를 했습니다. "그 학생 문제로 저를 만나길 원한다"는 말씀이었습니다. 저는 기꺼이 그분을 만나서 교제를 했습니다.

그 학생이 다니던 교회의 청년 모임에서, "나는 우리 지도 교수님의 말씀을 듣고서 이제야 구원의 확신을 얻었다"라고 증거해서, 다른 청년들이 다 의아해하고 혼돈을 겪고 있노라고 그 목사님은 항의조로 저에게 얘기했습니다. 그 목사님은 "우리가 구원을 받았는지 우리 자신이 어떻게 알 수 있느냐? 그것은 하나님만 아시는 것이며 구원의 확신을 언급하는 것은 교만한 것이다"라고 단언하며 저를 면박했습니다.

　또 그분은 사도 바울도 "그러므로 나의 사랑하는 자들아 너희가 나 있을 때뿐 아니라 더욱 지금 나 없을 때에도 항상 복종하여 두렵고 떨림으로 너희 구원을 이루라"(빌 2:12)는 말씀을 언급하며, 구원은 우리가 선행을 하고 성화(聖化)에 힘써야만 점차적으로 이룰 수 있는 것이라고 강변했습니다.

　그러나 "항상 복종하여 두렵고 떨림으로 너희 구원을 이루라"라는 말씀은, 진리의 복음을 믿음으로 얻은 영생의 구원을 주님의 날까지 "두렵고 떨림으로" 지키라는 뜻입니다. 성경은 온전한 믿음에 선 자들은 이미 구원을 얻었고, 사망에서 생명으로 옮겼다고 확언합니다. 자기 스스로 구원의 확신에 서 있지 못한 사람은 버려진 자입니다.

구원의 확신이 없는 이는 버려진 자입니다

　"너희가 믿음에 있는가 너희 자신을 시험하고 너희 자신을 확증하라 예수 그리스도께서 너희 안에 계신 줄을 너희가 스스로 알지 못하느냐 그렇지 않으면 너희가 버리운 자니라"(고후 13:5).

　구원을 받지 못한 사람은 자기 안에 예수 그리스도께서 계신 줄 확신하지 못합니다. 사도 요한도 "아들이 있는 자에게는 생명이 있고 하나님의 아들이 없는 자에게는 생명이 없느니라"(요일 5:12)고 말씀했습니다. 그런데 자기 마음에 예수 그리스도가 계시려면, 하나님께서 아들에 관하여 증거하신 "성령과 물과 피의 증거"를 다 가지고 있는 진리의 원형복음을 믿어야 합니다.

　"대저 하나님께로서 난 자마다 세상을 이기느니라 세상을 이긴 이김은 이것이니 우리의 믿음이니라 예수께서 하나님의 아들이심을 믿는 자가 아니면 세상을 이기는 자가 누구뇨 이는 물과 피로 임하신 자니 곧 예수 그리스도시라 물로만 아니요 물과 피로 임하셨고 증거하는 이는 성령이시니 성령은 진리니라 증거하는 이가 셋이니 성령과 물과 피라 또한 이 셋이 합하여 하나이니라

만일 우리가 사람들의 증거를 받을찐대 하나님의 증거는 더욱 크도다 하나님의 증거는 이것이니 그 아들에 관하여 증거하신 것이니라 하나님의 아들을 믿는 자는 자기 안에 증거가 있고 하나님을 믿지 아니하는 자는 하나님을 거짓말 하는 자로 만드나니 이는 하나님께서 그 아들에 관하여 증거하신 증거를 믿지 아니하였음이라"(요일 5:4-10).

하나님께서 우리의 모든 죄를 깨끗이 없애 주셨다는 증거가 셋입니다: **성령의 증거, 물의 증거, 피의 증거**. 그리고 이 세 증거를 다 가지고 있는 복음만이 온전한 원형의 복음입니다.

성령은 "하나님의 아들이 육신을 입고서 전 인류의 죄를 담당할 흠 없는 어린양으로 오셨다"라고 증거합니다.

물은 예수님께서 요단강 물에서 인류의 대표자인 세례 요한에게 **안수의 형식으로 받은 세례**를 의미합니다. 그 세례로 세상의 모든 죄가 예수님께 단번에 넘어갔다고 **"물"**은 증거합니다. 그래서 예수님은 세례를 받으신 이튿날에 세례 요한에게서, **"보라 세상 죄를 지고 가는 하나님의 어린양이로다"**(요 1:29)라는 증거를 받으셨습니다.

"피"는 예수님께서 흘리신 십자가의 보혈입니다. 세례로 세상 죄를 담당하신 예수님은 십자가에 못 박혀서 여섯 시간 동안 절규하시면서 대속(代贖)의 피를 흘리셨습니다. 주님은 마지막에 **"다

이루었다(요 19:30)라고 크게 외치신 후 돌아가셨습니다. 그리고 장사 지낸 후 셋째 날에 주님은 부활하셨습니다.

성령과 물과 피의 증거가 합하여 하나입니다. 이 세 증거가 다 있어야 온전한 복음입니다. 만일 그 셋 중에서 하나라도 결여된 복음은 불법의 복음이며 다른 복음입니다. 화로의 다리가 세 개인데, 그중에 하나를 잘라 버리면 어떤 일이 일어납니까? 화로가 쓰러져서 큰 불이 납니다. 이와 같이 온전한 진리의 복음에서 **"물의 증거"** 를 빼버린 **"다른 복음"** 을 믿고 전파하면 지옥의 큰 화(禍)를 입게 됩니다.

놀라운 능력의 원형복음

"이는 우리 복음이 말로만 너희에게 이른 것이 아니라 오직 능력과 성령과 큰 확신으로 된 것이니 우리가 너희 가운데서 너희를 위하여 어떠한 사람이 된 것은 너희 아는 바와 같으니라"(살전 1:5).

우리에게 임한 진리의 복음은 우리의 마음에서 죄를 뚝 끊어 내는 놀라운 능력이 있습니다. 예수님께서 받으신 세례의 복음을 믿을 때에, 우리는 마음의 할례(割禮, 롬 2:29)를 받습니다. 그것은 죄 사함을 얻게 하는 하나님의 능력입니다. 진리의 복음을 믿어서 죄 사함을 받으면 성령님을 선물로 받습니다(행 2:38). 그래서 구원의 큰 확신을 얻게 됩니다.

따라서 죄 사함도 받지 못한 기독죄인들이 성령을 받았다고 방방 뛰는 것은 사실 악한 영을 받은 것입니다. 기독교 안에는 진리의 복음을 알지 못하면서 자기의 체험이나 감정의 충만으로 자기의 구원을 확신하는 사람들이 많습니다.

어떤 이는 자기가 꿈을 꾸었는데, 예수님께서 꿈에 나타나셔서 "○○집사야, 내가 너를 사랑한다"라고 말씀하셨으니, 주님이 자기를 택하신 것이 확실하다고 간증합니다. "그 이후로 나는 뜨겁게 주님을 사랑하게 되었으니, 주님께서 나를 구원해 주신 줄 확신합니다." 그런 것은 구원의 큰 확신이 아닙니다.

"**그러므로 믿음은 들음에서 나며 들음은 그리스도의 말씀으로 말미암았느니라**"(롬 10:17)고 말씀하셨습니다. 기록된 말씀이 우리의 믿음의 근거이며 원동력입니다. 물과 피와 성령의 증거가 하나 되어 마음에 자리 잡을 때에, 우리는 "**구원의 큰 확신**"을 가질 수 있습니다.

우리의 모든 죄가 "**물과 피로 임하신 자**"(요일 5:6) 곧 예수 그리스도의 "**한 영원한 제사**"(히 10:12)로 흰 눈같이 씻어졌습니다. 우리는 우리에게 임한 하나님의 구원을 확신합니다. 물과 피의 복음을 몰랐을 때에는 내 마음에 죄가 가득했었습니다. 그러나 그 많던 죄가 이제는 눈을 씻고 봐도 전혀 찾을 수 없습니다. 예수님께서 세례 받으실 때에, 세상 죄와 함께 나의 모든 죄가 예수님께 온전히 넘어간 것을 확신하기 때문입니다.

"**그러므로 너희가 회개하고 돌이켜 너희 죄 없이 함을 받으라 이같이 하면 유쾌하게 되는 날이 주 앞으로부터 이를 것이요**"(행 3:19).

"**물과 피의 복음**"을 믿어서 마음의 "**죄 없이 함**"을 받은 의인에게는, 그때부터 마음 깊은 곳에서 기쁨이 샘솟습니다. 기독죄인들은 "♪ 나 구원받았네~ 너 구원받았네~ 우리 구원받았네~♪" 하고 찬양하며 기뻐합니다만, 그것은 공허한 말뿐입니다. 마음에 죄가 있으면, 구원을 받은 것도 아니며 기뻐할 일도 아닙니다. **"죄의 삯은 사망"**(롬 6:23)입니다. 죄가 있으면 지옥 갑니다. 마음에 죄가 있으면 구원받지 못한 것입니다.

"그러므로 너희가 회개하고 돌이켜 너희 죄 없이 함을 받으라"라는 말씀에서 **"회개"**는 자기가 저지른 자범죄나 허물들을 들고 하나님께 나와서 그것을 용서해 달라고 비는 회개 기도를 의미하지 않습니다. 참된 회개란 자신이 지금까지 하나님을 등지고 멸망의 길로 갔다는 사실을 인정하고, "하나님 저는 지옥에 가야 할 죄인입니다. 저를 불쌍히 여겨서 구원해 주십시오" 하고 하나님께로 돌아가는 것을 의미합니다.

주님은 그렇게 회개한 자를 진리의 복음으로 만나 주십니다. 여러분은 회개하고 **"물과 피의 복음"**을 믿어서 **"죄 없이 함"**을 받았습니까? 거듭난 우리는 **"죄 없이 함"**을 받았습니다. 우리 마음에 그 많던 죄는 다 없어졌고, 심판에 대한 두려움도 온전히 사라졌습니다. 죄 없이 함을 받은 우리는 유쾌합니다.

구원의 불가지론자(不可知論者)는 아직 구원을 못 받은 기독죄인(基督罪人)에 불과합니다. 기독죄인들은 구원의 확신을 자기의 선한 행위에서 찾으려 하기 때문에, 그들은 결국 율법의 행위에 묶이게 됩니다.

그러나 성경은, "사람이 의롭게 되는 것은 율법의 행위에서 난 것이 아니요 오직 예수 그리스도를 믿음으로 말미암는 줄 아는 고로 우리도 그리스도 예수를 믿나니 이는 우리가 율법의 행위에서 아니고 그리스도를 믿음으로서 의롭다 함을 얻으려 함이라 율법의 행위로서는 의롭다 함을 얻을 육체가 없느니라"(갈 2:16)고 말씀합니다.

행위 완전하여 여호와의 법에 행하는 자

우리가 진리의 복음을 믿어서 죄 사함을 받았다고 우리의 육신까지 완전하게 변화된 것은 아닙니다. **"물은 예수 그리스도의 부활하심으로 말미암아 이제 너희를 구원하는 표니 곧 세례라 육체의 더러운 것을 제하여 버림이 아니요 오직 선한 양심이 하나님을 향하여 찾아가는 것이라"**(벧전 3:21).

우리가 예수님의 세례의 능력을 믿어서 구원을 받았지만, 거듭난 것은 우리의 영(靈)입니다. 육신의 더러운 것은 현상적으로 그대로입니다. 다만 우리의 거듭난 영이 내주하시는 성령님의 인도와 다스림을 받아서 하나님의 선한 뜻을 분별하고 좇게 된 것이 큰 차이점입니다.

하나님께서는 아브라함에게, **"나는 전능한 하나님이라 너는 내 앞에서 행하여 완전하라"**(창 17:1)고 말씀하셨습니다. 또 노아를 일컬어, **"노아는 의인이요 당세에 완전한 자라"**(창 6:9)고 말씀하셨습니다. 죄 사함을 받은 후에 하나님의 뜻을 따라가는 자가 행위 완전한 자입니다. **"행위 완전하여 여호와의 법에 행하는 자가 복이 있음이여"**(시 119:1)라는 찬양이 그런 뜻입니다.

죄 사함 받은 후에라도 자기의 욕망을 계속 따라가면, 받았던 구원도 잃어버립니다. 고린도의 교인들도 처음에는 복음을 기쁘게 받아들였습니다. 그런데 그 후에 자기의 욕망만을 좇아 살다가 영적으로 병들고 죽어 갔습니다. 그래서 바울에게서, **"이러므로 너희 중에 약한 자와 병든 자가 많고 잠자는 자도 적지 아니하니"**(고전 11:30)라는 책망을 듣게 되었습니다.

하나님의 교회 안에는 아이들과 청년들과 아비들(요일 2:14)이 있습니다. 거듭난 의인들이 교회 안에서 말씀을 듣고 믿으면, 영적으로 자라나게 되어 있습니다. 우리는 모두 믿음의 장성한 자들로 자라나서 다른 영혼들을 인도하고 양육하는 영의 아비가 되어야 합니다. 믿음에 견고한 이들은 하나님과 동행하며 그의 나라와 그의 의를 구합니다. 그런 믿음의 사람이 영의 장성한 자이며 **"행위 완전하여 여호와의 법에 행하는 자"**(시 119:1)입니다.

하나님의 은혜로 거듭난 우리는 이제 이 땅의 썩어질 것에 마음을 두지 아니하고 하늘에 보화를 쌓는 의인들입니다. 이제부터는 아버지 하나님의 기뻐하시는 뜻을 좇아서 우리의 남은 때에 장성한 의의 일꾼으로 자라나기를 바랍니다.

아멘! 할렐루야!

반면교사 고린도 교회
고린도전후서 강해 설교

1판 1쇄 발행 2022년 5월 3일

Copyright © 2022 by Uijedang Press
All rights reserved. No part of this publication may be reproduced, distributed, or transmitted in any form or by any means, without the prior written permission of the publisher.

발행처　도서출판 의제당
주소　제주특별자치도 제주시 계명길 10 (외도일동) 2층
홈페이지　www.born-again.co.kr / 의제당.kr
연락처 : (064) 742-8591
블로그　pilgrim1952.blog.me
문의　uijedang@naver.com

Author　Samuel J. Kim
Editor　Tim J. Kim
Cover Art　Leah J. Kim
Illustrator　Eunyoung Choi

ISBN 979-11-87235-54-5　03230

가격　10,000원

※ 잘못된 책은 구입하신 서점에서 바꿔 드립니다.

창세기 복음 강해설교집
창세기에서 예수님을 만나다
1,2,3,4,5,6,7

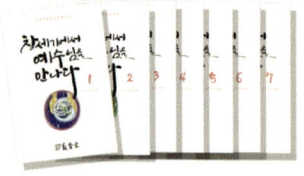

히브리서 강해설교집
복음의 원형과 영원한 속죄 1,2

도서출판 의제당
출/간/서/적

요한서신서 강해설교집
1. 빛과 어두움 그리고 진리의 사랑
2. 물과 피 그리고 복음의 원형

로마서 강해설교집
1. 의인입니까 / 2. 의인입니다

마태복음 강해설교집
모든 의를 이루신 예수 그리스도 1,2,3,4

요한복음 강해설교집
거듭남의 복음 (1), (2)

말라기서 강해설교집
레위와 세운 나의 언약

그리스도의 비밀
(한글판/영문판)

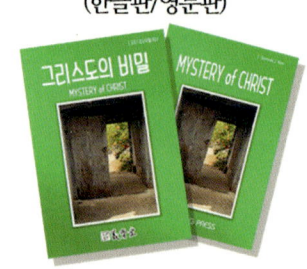

인봉된 말씀

신앙담론집
종교인과 신앙인

창세기시리즈 1권 영어번역본

50일동안 성경 통독하고 거듭나기